AF360455

LA CONSTANCE COURONNÉE,

OU LES ÉPOUX UNIS PAR L'AMOUR;

HISTOIRE NOUVELLE.

SECONDE PARTIE.

A LONDRES,
Et se trouve A PARIS,
Chez DUCHESNE, Libraire, rue S. Jacques,
au-dessous de la Fontaine S. Benoît,
au Temple du Goût.

M. DCC. LXIV.

LA CONSTANCE
COURONNÉE,
OU
LES ÉPOUX
UNIS PAR L'AMOUR.

HISTOIRE NOUVELLE.

L E Comte, qui vouloit se dé-
faire honnêtement de Sylvie,
qui lui pesoit fort sur les bras
à cause de Léonce, avoit été
trouver les Héritiers de Mr.
de la Ferme, avec le contrat de mariage
par lequel ce Financier reconnoissoit
avoir reçu de Sylvie six cent mille livres de dot, & par lequel il lui laissoit
tout son bien, en cas qu'il vînt à mourir
sans enfans. Comme le Comte sçavoit que
le mariage n'avoit pas été consommé,

A ij

il n'exigea pas qu'on remplît la seconde clause ; il se contenta de demander, au nom de Sylvie, le remboursement de vingt mille écus. Ces Héritiers, qui étoient puissamment riches , & qui d'ailleurs, avoient hérité de plusieurs millions, ne firent aucune difficulté de remettre les six cent mille livres entre les mains du Comte qui en acheta , au nom de Sylvie, une fort belle Terre de trente-trois mille livres de rente, qui étoit à trente lieues de Paris , dans une Province éloignée de celle où étoit située la sienne. Cet éloignement favorisoit le dessein qu'il avoit de séparer Sylvie de Léonce, afin qu'elle ne fût point à portée d'apprendre que Léonce vivoit, croyant qu'elle l'ignoroit toujours. Il avoit envoyé , avant de conclure ce marché, son Intendant visiter le Château , les Fermes, les terres , & enfin tout ce qui en dépendoit. Ayant appris par son rapport que tout étoit en bon état, il compta l'argent, & renvoya ce même homme pour le meubler & l'arranger , afin que tout fût prêt, quand Sylvie seroit rétablie, & qu'il pût l'y mener pour en prendre possession. Tout étant disposé , & le plaisir de voir Léonce ayant en peu de tems fait recouvrer à cette aimable perſonne une parfaite ſanté, le Comte lui parla ainſi :

Je ne vous rappellerai pas, Sylvie, les malheurs que votre funeſte amour pour mon fils vous a attirés : vous êtes aſſez punie de ſa mort par celle d'un époux qui vous auroit rendue la plus heureuſe perſonne du monde. Je n'ai jamais ceſſé d'avoir pour vous la plus vive tendreſſe, & ſi quelquefois je vous ai parlé d'une maniere un peu trop dure, la douleur que me cauſoit la perte de mon fils, dont je vous regardois comme la premiere cauſe, eſt, ce me ſemble, un motif plus que ſuffiſant pour juſtifier ma rigueur. Je veux aujourd'hui vous prouver ſenſiblement que j'ai toujours été dans la diſpoſition de vous deſirer tous les biens poſſibles. Les ſoins que je me ſuis donnés pour vous procurer un établiſſement, qui vous mettra en état de paſſer agréablement & honorablement le reſte de vos jours, vous en fera une preuve qui ne vous laiſſera aucun doute. Il lui raconta enſuite combien il avoit fait valoir l'avantage que Mr. de la Ferme lui avoit fait par ſon contrat de mariage, de quelle maniere il avoit placé l'argent qu'il avoit touché de ſes Héritiers. Tout eſt prêt à vous recevoir,

A iij

ajoûta-t-il : vous trouverez une fort belle
Terre, & en bon état ; un Château parfaitement meublé, des Domeſtiques qui
vous y attendent, pour recevoir vos ordres
& vous obéir. Je veux vous faire préſent
de la valeur d'une année de revenu de votre Terre, afin que vous puiſſiez attendre
commodément le payement des Fer-
miers, qui ſe fera l'année prochaine. La
liberalité de Mr. de la Ferme qui vous a
donné pour plus de ſoixante mille livres
de parures, & des habillemens ſuperbes,
vous met en état de briller autant qu'aucune autre Dame de la premiere condition. Tant d'avantages unis à ceux dont
la nature & l'éducation vous ont ſi abon-
damment pourvue, peuvent vous faire
eſperer de trouver les meilleurs partis,
ſi vous vous ſentez quelqu'inclination au
mariage. Je ne veux pas différer à vous
faire goûter les douceurs d'une ſituation
ſi floriſſante, & je compte dans trois jours
vous y conduire, puiſque le rétabliſſement
de votre ſanté me permet de le faire ſans
danger pour vous. Je me hâte de vous en
mettre en poſſeſſion, parce qu'il n'y a
que cette conſidération qui retarde mon
retour à ma Terre, où je me propoſe
de me rendre auſſi-tôt après. Voilà le

contrat qui vous confirme la propriété des acquisitions que j'ai faites en votre nom. Vous sentez de quelle conséquence est ce titre ; il n'est pas nécessaire que je vous recommande de le conserver précieusement. Je suis, répondit Sylvie, si pénétrée de vos bontés, que rien n'est capable de vous exprimer la vivacité de ma reconnoissance. Au milieu de la joie qu'elles me causent, je me sens cependant troublée par la nécessité d'être éloignée de vous, Monsieur, & de Madame la Comtesse, à qui j'ai tant d'obligations. Pour modérer un peu la douleur que cette séparation va me causer, je vous prie de me permettre d'emmener avec moi Duparc & Tonton, dont le secours me sera extrêmement nécessaire dans le nouveau genre de vie où je vais entrer si jeune & presque sans expérience ; d'ailleurs, je leur dois tant, que je ne puis me dispenser de leur faire part du bien dont le Ciel & vos généreux soins m'ont avantagée. Le Comte approuva cette résolution, & lui dit que, malgré l'affection qu'il avoit pour Duparc dont il étoit fort content, & l'attachement que la fidélité de Tonton lui avoit mérité de la part de la Comtesse, ils s'en priveroient avec plaiſir, ſentant bien qu'ils lui ſeroient trés-utiles. Allez, lui dit-il, Sylvie, les prévenir & vous arranger avec eux, pendant que je vais donner ordre qu'on prépare tout ce qui eſt néceſſaire pour votre départ.

Sylvie retourna avec empreſſement à ſon appartement où elle trouva Tonton. Ma chere maman, lui dit-elle, je vais enfin être délivrée pour toujours de la contrainte dans laquelle je ſuis forcée de vivre ici : je vais être libre ; le Ciel me favoriſe de plus en plus ; j'eſpere qu'il ne bornera pas là ſes bontés pour moi, & qu'il me fera la faveur de me faire connoître un jour à qui je dois la vie. Elle lui rendit compte après de tout ce que le Comte venoit de lui apprendre. Eh bien! ma chere maman, ajouta-t-elle, voulez-vous venir avec moi, & partager la fortune dont je vais jouir à préſent ; & croyez-vous que votre cher époux conſente à m'accompagner? Oui, ma chere fille, lui dit Tonton, en l'embraſſant. Nous vous aimons trop, pour vous abandonner jamais. Vous ſçavez que ce n'eſt point par l'appas d'une vie plus délicieuſe, que nous avons quitté la forêt de… mais que notre affection pour vous nous y a feule déterminés. Que je fuis charmée, ma chere fille, de ce que vous m'apprenez ! Je vais vîte en informer Duparc, pour ne pas différer d'un moment la joie que cette nouvelle lui caufera. Elle courut promptement en inftruire fon mari, qui en fut fi tranfporté, qu'il vola fur le champ à l'appartement de Sylvie, pour l'en féliciter. Après quoi, il alla avec Tonton demander au Comte & à la Comteffe la permiffion de fuivre leur chere fille. Ils leur répondirent que, quelque peine qu'ils euffent à fe priver de perfonnes auffi fidèles & auffi affectionnées qu'ils l'avoient toujours été, néanmoins le befoin que Sylvie alloit avoir de leurs confeils & de leurs foins, les engageoit à y confentir. Ils leur recommanderent bien de la prémunir, par leurs avis & par leur expérience, contre les dangers où fa beauté & fa grande jeuneffe alloient l'expofer. Ils leur firent enfuite chacun un préfent digne de leur générofité, & qui prouvoit combien ils étoient contens de leurs fervices. Duparc & Tonton les en remercierent avec les marques de la plus vive reconnoiffance, & fe retirerent pour travailler aux préparatifs de leur voyage. Sylvie attendoit avec impatience que la nuit fût venue, pour faire part à son cher Léonce des arrangemens du Comte, dans lesquels, plus elle y réfléchissoit, plus elle trouvoit matiere à s'en réjouir. Ce moment desiré étant arrivé, elle s'y rendit avec Tonton. Léonce la voyant plus gaie qu'à l'ordinaire : Quelle bonne nouvelle venez-vous m'apprendre, chere Sylvie, s'écria-t-il? Avez-vous enfin découvert les auteurs de vos jours, ou mon pere consent-il à notre bonheur? Non, cher Léonce, lui répondit-elle; mais ces deux objets à part, je ne puis rien vous annoncer de plus consolant que ce que je vais vous dire. Elle lui rendit donc, mot pour mot, tout ce que le Comte lui avoit appris. Cet Amant resta un tems assez considérable sans répondre, réfléchissant profondément à ce qu'il venoit d'apprendre. Sylvie, inquiette de son silence, le pressa de le rompre. Ma chere, lui dit-il, j'ai ressenti d'abord quelque chagrin d'une nouvelle qui alloit me séparer de vous; mais ayant fait attention à tout ce qui pouvoit résulter de votre établissement, je vois que, dans les circonstances présentes, nous ne pouvions pas attendre un parti plus avantageux. Mon pere, qui, dans la perfuafion où il eſt que vous me croyez toujours mort, veut par cet arrangement vous faire perdre entierement l'eſpérance de me revoir, travaille, ſans y penſer, à notre bonheur. Je m'attends qu'il m'éloignera auſſi, afin de détruire les impreſſions que vous avez faites ſur mon cœur ; mais dans quelqu'endroit de la terre où je ſois, nous pourrons nous donner réciproquement des nouvelles. Vous ſerez débarraſſée de la contrainte où vous êtes obligée de vivre ici. Maitreſſe de votre ſort, on ne pourra plus vous forcer à un engagement contraire à notre amour. Je compte aſſez ſur votre conſtance, pour oſer eſperer que vous voudrez bien attendre que j'aye atteint l'âge auquel je pourrai diſpoſer de moi, ſans le conſentement de celui à qui je dois le jour, à moins que quelqu'heureux évènement ne facilite avant ce tems l'accompliſſement de nos deſirs. Ajoûtez à cela, cher Léonce, dit Sylvie, que je ſerai en état de vous offrir, ſinon une fortune, du moins de quoi ſubſiſter honnêtement, ſi le Comte, piqué de ce que vous m'épouſerez ſans ſon conſentement, refuſe de vous faire part de ſes biens. Ce ne ſont point les richeſſes qui font le bonheur des époux : pourvu qu'on ait ce qu'il faut pour fournir aux besoins de la vie, on est toujours heureux, quand l'union des cœurs est le lien du mariage. Les trente mille livres de rente que je possede, nous fourniront le nécessaire ; & c'est dans notre cœur mutuel que nous trouverons la plus parfaite félicité ; mais peut-être que, sans attendre si long-tems, le Ciel confirmera le pressentiment que j'ai toujours eu que ma naissance n'étoit pas indigne de la vôtre, &, me faisant découvrir mes parens, forcera le Comte à consentir à nous unir. Je le souhaite de tout mon cœur, répondit Léonce, non par rapport à moi, car je vous jure que je vous estime plus que si vous descendiez des plus anciens Monarques de l'Univers, mais à cause de l'entêtement chimérique de mon pere ; & je ne désespere pas de voir mes vœux remplis à ce sujet.

Ils s'occuperent ensuite des moyens de s'écrire, & de se faire tenir sûrement leurs lettres, jusqu'à ce que Léonce fût en état de sortir. Ils engagerent la vieille Garde, qu'ils avoient déja amplement récompensée de ses complaisances, à faire mettre à la poste les lettres de Léonce, & à prendre, chez l'amie de Tonton, les réponses de Sylvie pour les remettre à cet Amant. Cette femme, séduite par les nouvelles preuves de générosité qu'ils lui donnerent, promit de faire ponctuellement ce qu'ils exigeoient. Après quoi, ils se quitterent plus satisfaits l'un de l'autre qu'ils ne l'avoient jamais été. La nuit suivante, Sylvie se rendit encore auprès de Léonce pour lui faire ses adieux. Qu'ils furent tendres! Que de sermens de fidélité & de constance ne se firent-ils pas! Ils se tenoient étroitement embrassés, & ils n'auroient pu se résoudre à se séparer, si la Garde ne leur eût fait appercevoir que le jour, qui commençoit à paroître, les forçoit à se retirer. Ils se quitterent donc; mais ce ne fut pas sans verser des pleurs, & sans se renouveller les assurances de s'aimer toujours.

Le moment du départ étant venu, la Comtesse embrassa Sylvie avec les démonstrations de la plus vive amitié, en l'assurant qu'elle étoit bien mortifiée de ce que ses affaires ne lui permettoient pas de l'accompagner. Elle la conduisit jusqu'au carrosse où le Comte monta avec elle, Tonton & Duparc. Ils partirent à l'instant, & arriverent heureusement, après six jours de marche, dans la Terre de Sylvie, où elle fut reçue avec mille marques d'attentions, d'eſtime, & de reſpect par tous les Gentilshommes & les Dames de ſon voiſinage qui, informés de ſon arrivée, vinrent la complimenter. Le Comte reſta pendant huit jours avec Sylvie, pour l'accoutumer à cette nouvelle demeure, pour la mettre au fait de bien des choſes qu'elle ignoroit, & des bien-ſéances qu'elle devoit obſerver dans cette Terre. Sylvie étoit en grand deuil. Cet ajuſtement relevoit infiniment ſa beauté qui avoit repris tout ſon éclat depuis qu'elle avoit été détrompée de la mort de Léonce. On fut ſurpris de voir tant de charmes ; tout le monde accouroit pour l'admirer ; & on ne parloit dans toute la Province que de la beauté éblouiſſante de cette charmante Veuve. Elle ne manqua pas d'être bientôt obſédée par un nombre infini d'adorateurs ; mais, pour ne leur point laiſſer le tems de former de vaines eſpérances, & pour ſe délivrer de leurs importunités, elle leur déclara, dès les commencemens, que la douleur qu'elle reſſentoit de la mort de ſon époux, lui avoit fait renoncer pour toujours à un ſecond engagement ; qu'ils ne ſe flattaſſent pas de lui faire changer de réſolution, & que, s'ils vouloient l'obliger, ils lui laisseroient la liberté de suivre l'inclination qu'elle se sentoit pour la vie solitaire, puisque ce n'étoit que pour suivre ce penchant, qu'elle avoit quitté le tumulte de Paris, pour se retirer à la campagne. D'abord, on ne crut pas qu'une Dame si jeune & si belle pût avoir pris un parti si étonnant ; elle qui pouvoit se promettre tant d'agrémens dans le monde. Mais, quand on la vit constante dans son dessein, petit à petit, on la laissa jouir de la tranquillité qu'elle desiroit. Sylvie avoit eu soin de faire acheter des livres choisis, & passoit la matinée à lire dans son cabinet, ou dans les allées de son parc, quand le tems le permettoit. Après le diner, elle recevoit la compagnie de cinq ou six Dames d'un certain âge, & en qui elle avoit remarqué de l'esprit & un bon caractère. Ces Dames, dégoûtées des plaisirs & de l'embarras du grand monde, s'étoient retirées dans leurs maisons de campagne, pour y goûter les douceurs d'une vie paisible & innocente. Leurs Terres étoient voisines de celle de Sylvie : cette proximité favorisoit le commerce d'amitié qui se forma bientôt entr'elles. Sylvie alloit de tems en tems chez ces Dames, accompagnée de Tonton & de Duparc, qui paſſoient d'autant plus aiſément pour ſon Oncle & ſa Tante, que perſonne ne les connoiſſoit dans le canton non plus que Sylvie, pas même les Domeſtiques qui étoient tous de cette Province , & qui n'avoient jamais vu leur Maitreſſe avant ſon arrivée. Elle recevoit ſouvent des nouvelles de Léonce, & elle n'avoit pas de momens plus doux que ceux qu'elle employoit à lui répondre, ou à lire & relire tous les jours les preuves d'amour dont les lettres de ce tendre Amant étoient remplies. Enfin il ne manquoit à cette charmante Veuve, pour la rendre infiniment heureuſe, que de ſe voir unie au cher & digne objet de ſa tendreſſe.

Pendant que Sylvie jouiſſoit de l'innocence d'une vie champêtre & ſolitaire, le Comte ſe félicitoit de tout ce qu'il avoit exécuté, & ſur-tout, de ce que Sylvie étoit toujours dans l'opinion de la mort de Léonce ; ce qui l'engageroit à ſe lier bientôt par un autre hymen plus heureux que le premier. Dès qu'il fut de retour à ſa Terre, voyant que la ſanté de ſon fils ſe rétabliſſoit, & qu'en peu de tems, il ſeroit en état de partir, il s'oc-

cupa à prendre des mesures nécessaires pour accomplir le projet qu'il avoit formé de l'éloigner; de sorte que, le voyant parfaitement guéri, il l'alla trouver d'un air fort inquiet, & tenant à la main une lettre supposée : » Mon fils, lui dit-il,
» vous me voyez dans le dernier embarras:
» cette fatale lettre que je reçois dans le
» moment, me fait tout craindre pour
» vous. On me mande que plusieurs pa-
» rens de Mr. de la Ferme, résolus de
» venger sa mort, ont fait les plus exac-
» tes perquisitions pour en découvrir les
» auteurs; que, malgré les soins que j'ai
» pris pour vous cacher, à la faveur du
» bruit de votre mort, ils ont découvert
» non seulement que vous vivez, mais
» encore que c'est vous qui avez formé
» tout le complot. On ajoûte qu'on doit
» incessamment vous faire arrêter pour
» vous traduire en justice. Prévenons-les,
» mon fils, en vous mettant en lieu sûr ;
» car, si une fois vous aviez le malheur
» de tomber entre leurs mains, ils sont
» si riches, que j'ai tout lieu de craindre
» de ne pouvoir vous soustraire à leur res-
» sentiment ». Léonce pour ne pas donner lieu au Comte de soupçonner qu'il
eût été instruit de toutes ses démarches,

& qu'il étoit en relation avec Sylvie, feignit d'être intimidé par fes difcours ; lui dit qu'il lui étoit infiniment obligé du foin qu'il prenoit pour fa confervation, & qu'il étoit prêt à faire ce qu'il lui prefcriroit. ›› Partons donc tout à l'heure, ›› mon fils ; car il n'y a pas de tems à ›› perdre. Je vais vous conduire en An- ›› gleterre. Je vous y fournirai tout ce ›› qu'il vous faudra pour vivre honorable- ›› ment, & je prierai Mr. l'Ambaffadeur ›› de vous y foutenir de fon crédit. Pen- ›› dant votre abfence, n'ayant plus rien ›› à appréhender pour vous, il me fera ›› bien plus aifé d'accommoder cette af- ›› faire ››. Il donna auffi-tôt ordre de pré- parer une chaife de pofte, dans laquelle Léonce monta avec lui, après avoir re- çu les embraffemens & les adieux de la Comteffe fa mere. Ils arriverent en peu de tems à Calais. Dès qu'ils furent a l'au- berge, le Comte s'informa fi le Paqué- bot partiroit bientôt, & ayant fçu que ce feroit dans une heure, il fit venir les Do- meftiques qu'il avoit retenus pour fon fils, & leur dit: ›› Voici votre maître ; ›› fervez-le, mes enfans, avec beaucoup ›› de fidélité, & foyez sûrs que je vous en récompenferai bien ››. Il montra en-

suite à Léonce les équipages qu'il lui
avoit fait préparer. ,, Vous voyez , lui
,, dit-il , mon fils , que vous ne serez pas
,, à Londres comme un fugitif, & que
,, vous y pourrez faire une figure brillan-
,, te. Voilà des lettres de change : quand
,, elles seront épuisées , écrivez - moi ,
,, j'aurai soin de vous en envoyer d'autres:
,, voici aussi des lettres de recommanda-
,, tion pour différens Milords que j'ai
,, connus à Paris , ou pendant le séjour
,, que j'ai fait en Angleterre dans ma jeu-
,, nesse. Je suis sûr qu'ils vous recevront
,, bien , & qu'ils vous introduiront dans
,, les meilleures maisons. Conduisez-
,, vous y , mon cher fils , d'une maniere à
,, me faire honneur , & sur-tout , guéris-
,, sez-vous d'un malheureux amour , qui
,, vous a déja précipité dans tant d'affreu-
,, ses situations , & vous a fait faire des
,, démarches si criminelles ,,. Léonce
l'assura qu'il auroit lieu d'être satisfait : il
s'embarqua ensuite, & pendant qu'il avançoit vers Douvres , le Comte reprit la
route de Paris , où il ne resta que peu de
tems , l'ayant quitté quelques jours après,
avec la Comtesse & tous ses gens , pour
revenir à sa Terre, dans laquelle il resta
toujours depuis.

Cependant Léonce, ayant eu le vent favorable, paſſa en cinq ou ſix heures le pas de Calais, & arriva à Douvres. Il prit de-là, avec ſes Domeſtiques, la route de Londres. A ſon arrivée dans cette grande Ville, ſon premier ſoin fut de louer un Hôtel bien meublé. Il ne lui fut pas difficile d'en trouver. Cette Capitale, qui différe peu de Paris, fournit aux étrangers, qui ſont en état de faire de la dépenſe, les mêmes commodités. Il ſe trouva moins étranger en Angleterre, que beaucoup d'autres jeunes Seigneurs qui y voyagent, ne le ſont ordinairement ; parce que le Comte ſon pere, qui y avoit reſté deux ans, & qui en ſçavoit la langue, la lui avoit fait auſſi apprendre ; de ſorte qu'il l'entendoit bien & la parloit paſſablement. Aprés s'être arrangé, & avoir un peu pris l'air du bureau, il ſe préſenta chez Mr. l'Ambaſſadeur & chez les Milords dont le Comte ſon pere lui avoit parlé, & leur remit les lettres dont il l'avoit chargé pour eux. La politeſſe, la diſtinction & l'amitié avec leſquelles il en fut reçu, lui fit connoître combien ſon pere en avoit été eſtimé. Ils lui firent mille offres de ſervice. C'étoit à qui auroit l'avantage de

lui offrir un appartement dans leurs Hô-
tels ; mais Léonce, qui vouloit être libre,
aima beaucoup mieux rester dans le sien.
Il les en remercia , & s'excusa poliment
d'accepter leurs offres. Il ne put se dispenser de se rendre aux invitations fré-
quentes qu'on lui faisoit de manger , tantôt chez l'un , tantôt chez l'autre ; ce qui ,
en peu de tems, lui procura les connoissances les plus distinguées : parce que ces
Milords avoient toujours chez eux très-
nombreuse & très-bonne compagnie. La
douceur du caractère & l'esprit de Léonce lui captivoient l'estime de tous les
honnêtes gens , & chacun étoit charmé
de l'avoir. Les Anglois sont sensibles au
mérite solide & véritable : quand ils en
reconnoissent dans un homme , ils s'atta-
chent sincerement à lui, & lui donneroient
non seulement de leurs biens , mais de
leur sang même, s'il en avoit besoin. C'est
ce que Léonce éprouva. Il se fit bien-tôt
des amis ; mais de vrais amis , qui auroient
tout sacrifié pour lui , si sa situation brillante ne l'eût pas mis en état de se passer
des ressources qu'il auroit infailliblement
trouvées dans leur amitié. Un accueil si
favorable , joint aux tendres lettres qu'il
recevoit souvent de sa chere Sylvie , lui

rendirent à Londres la vie bien plus gra-
tieuſe, qu'il ne s'y étoit attendu. Le Comte, qui recevoit de tous ſes anciens amis
d'Angleterre, des lettres remplies de
louanges du mérite, & de témoignages
avantageux de la bonne conduite de ſon
fils, lui écrivoit ſouvent, & lui faiſoit
mille amitiés. Léonce lui répondoit toujours qu'il ne ſe feroit jamais écarté un
ſeul moment, s'il eût eu un peu plus de
condeſcendance pour une inclination qui
n'avoit jamais été criminelle, & qu'il
n'auroit pu blâmer, s'il eût moins écouté des préjugés que la raiſon ſaine con-
damne ; puiſqu'aux yeux d'un homme
qui ne conſulte qu'elle, le vrai mérite,
les qualités du cœur & de l'eſprit ſont
préferables à une naiſſance, qui n'eſt que
l'effet du haſard, & qui ſouvent eſt démentie par les ſentimens. Ces raiſonne-
mens ne pouvoient vaincre la prévention
du Comte ; il voyoit avec douleur que la
paſſion de ſon fils ſe fortifioit par l'abſence, qui, pour l'ordinaire, détruit celle
des Amants vulgaires. Il redoubloit ſes
careſſes dans ſes lettres, le mettoit de plus
en plus en état de figurer ; enfin, il le
prenoit par tous les endroits qui peuvent
flatter un jeune homme. Il confia même

ſes chagrins à quelques Milords de ſes anciens amis, & les pria de tâcher de faire former à ſon fils quelqu'engagement de cœur, qui pût lui faire perdre le deſſein d'épouſer ſa maitreſſe, dont la naiſſance incertaine les déshonoreroit. Ces Seigneurs Anglois, entrant dans les vues du Comte, introduiſirent Léonce chez pluſieurs Dames de la premiere diſtinction, qui avoient les plus aimables filles de Londres. Ils vanterent beaucoup aux Meres & à ces Demoiſelles, le mérite, les excellentes qualités, la naiſſance & les grands biens de ce jeune Seigneur François, afin de leur faire deſirer d'en faire la conquête. Pluſieurs d'entr'elles, charmées de la bonne mine & de l'eſprit de Léonce, entreprirent de le ſubjuguer; mais l'image de Sylvie profondément gravée dans ſon cœur, & infiniment plus parfaite que tout ce qu'il voyoit de Beautés en Angleterre, le rendoit inſenſible aux avances que lui firent ces aimables Ladys.

Entre les amis qu'il ſe fit en Angleterre, ceux avec leſquels il ſe lia le plus étroitement furent le Chevalier de T... fils du Lord du même nom, & Criſante fils du Milord W... ancien ami du Com-

te fon pere, mort depuis quelques années. Ce dernier étoit nouvellement marié à la fille de Milady de M.... qui
étoit une très-aimable perfonne qu'il aimoit de toute fon ame, & qui le payoit
du plus parfait retour. L'amitié qu'il con-
tracta avec ces deux jeunes Anglois, devint fi intime, qu'il leur confia tous les
fecrets de fon cœur, & leur raconta toutes fes aventures auxquelles ils prirent
beaucoup de part. Quand ils fe trouvoient
feuls, & qu'ils pouvoient s'épancher fans
contrainte leurs ames, Léonce difoit
fouvent à Crifante : Que vous êtes heureux, cher ami, d'être uni à l'objet de
votre amour ! que j'envie votre fort ! non
pas que je defire d'être au comble de mes
vœux aux dépens de votre bonheur, mais
je voudrois jouir d'une félicité pareille à la vôtre: vous n'avez jamais éprouvé d'obftacle à votre union ; tous vos defirs ont été remplis auffi-tôt que formés.
Et moi, miférable jouet des caprices du
plus cruel fort, aprés tant de revers, je
ne puis me flatter d'obtenir la poffeffion
de ma chere Sylvie. Vous vous trompez,
cher Léonce, répondit Crifante, quand
vous croyez que je n'ai point trouvé d'obf-
tacles à mon bonheur. Il eft vrai qu'il

n'y

n'y en a eu qu'un, encore. n'a t-il pas été long; mais il a été fi terrible, que je me fuis vu prêt à perdre pour toujours le tréfor que je poffede. Si je fuffe arrivé à Londres un jour plus tard, j'étois le plus malheureux de tous les hommes, & un miférable Efcroc François me l'enlevoit pour toujours. Comme j'ai eu depuis lieu de m'informer de ce que ce fripon étoit, je puis vous rapporter fon hiftoire dont j'abrégerai les commencemens, pour venir plus promptement à ce qui me regarde.

Il fe faifoit appeller Marquis de C... mais fon véritable nom étoit B.... Il étoit né dans une petite Ville de Province, de parens obfcurs, & qui, quoique peu avantagés des biens de la fortune, s'étoient épuifés à lui donner une certaine éducation. Les progrès qu'il fit dans fes études prouverent dès lors que, s'il vouloit faire ufage de fon efprit & de fes talens, il pourroit un jour fe pouffer; mais il ne les employa qu'à copier, à fe rendre familieres les belles manieres qui donnent entrée dans les bonnes maifons, & à apprendre les rufes, les tours & les fubtilités par lefquelles on peut fe rendre la fortune favorable au jeu. Une phyfionomie très-heureufe, une taille avantageu-

se , quelque chose de fin & de noble ré-
pandu dans toute sa personne , étoient les
beaux dehors qui cachoient la scélératesse
de son ame , & favorisoient le projet
qu'il avoit conçu , de devenir un fripon
du premier ordre. Il commença à s'es-
sayer dans cet infâme métier à Aix & à
Marseille. Ses premiers coups lui réussi-
rent si bien , qu'il fut en état de s'équi-
per en homme de condition , de se pré-
senter à Lyon sous le nom du Marquis
de C... Il s'y perfectionna beaucoup
dans son art , & y fit des profits considérables ; mais trouvant que cette Ville
étoit un champ trop étroit pour ses talens & pour ses vastes projets, il la
quitta pour se rendre à Paris. C'est-là
qu'il trouva une carriere digne de lui.
L'argent qu'il avoit amassé à Lyon , le
mettant à portée de s'introduire dans les
maisons où l'on jouoit le plus gros jeu,
il y friponna des sommes considérables.
Non content de ce qu'il excroquoit de
cette façon , il se mêla aussi de faire de
fausses lettres de change. De si honnêtes moyens n'eussent pas manqués de lui
faire faire une fortune rapide & brillante , si la Police , informée de ses manœuvres , n'eût tenté d'en arrêter le

cours : mais notre filou , informé de ce qui se tramoit contre lui , eut le tems de se sauver avec son argent , & de passer ici.

Aussi-tôt qu'il parut à Londres , sa bonne mine , ses manieres , son esprit & la figure brillante qu'il y faisoit , le firent bien recevoir; une livrée assez nombreuse & sur le bon pied , un équipage de bon goût , un Hôtel superbement garni qu'il avoit loué , tout annonçoit en lui un homme de condition & riche. Ce titre de Marquis , soutenu par tout ce qui peut caractériser un homme de naissance , en imposa. Enfin , c'étoit à qui auroit Monsieur le Marquis , qui , dans ses discours & dans ses façons d'agir , paroissoit n'avoir que de grands sentimens. Il continuoit cependant à Londres ses friponneries au jeu. On étoit bien éloigné de soupçonner que son bonheur vînt d'une autre cause que du hazard , tant la prévention étoit forte sur son compte. Entre les maisons, où il avoit un libre accès, il n'y en avoit pas où il fut vu de meilleur œil que chez Milady de M.... mere de mon épouse. C'est-là où je fis connoissance avec lui. Ses belles qualités extérieures me

tromperent comme les autres. Je fis plus,
le croyant ce qu'il paroiſſoit être , je me
liai avec lui d'une étroite amitié. Il feignit de répondre à mes ſentimens ; &
bientôt nous devînmes inſéparables. Il
me fit de fauſſes confidences des aventures galantes ou des affaires d'honneur
qu'il diſoit avoir eues en France ; & je
n'héſitai pas à lui ouvrir mon cœur , &
à lui avouer que la cauſe de mes aſſidui-
tés chez Milady de M. . . . étoit l'amour
dont je brûlois pour la charmante Henriette : c'étoit le nom que mon épouſe
portoit étant fille. Je lui dis que j'avois
deſſein de l'épouſer , & que , ſi je ne
trouvois pas d'obſtacle à mon bonheur
dans Milady de M. . . . ſon aimable fille ne s'y oppoſeroit pas. C. . . m'aſſura
qu'il prenoit à mon amour toute la part
poſſible , & qu'il me ſerviroit auprès de
Milady avec tant de zele, qu'il ne dé-
ſeſperoit pas de l'amener au point où
il la deſiroit , pour être heureux.

Cependant cet impoſteur , qui avoit de
l'eſprit , réfléchiſſoit ſouvent ſur les dangers qu'il couroit dans ce métier , qui ne
pouvoit pas durer long-tems ; il ſentoit
qu'il ſeroit démaſqué tôt ou tard , &
que ſes friponneries lui feroient de ter-

ribles affaires. Il réfolut donc d'y renoncer, & de s'affurer, par un bon mariage, des fonds pour vivre honorablement le refte de fa vie. Il falloit pour cela trouver une bonne dupe. Milady de M..., lui parut être fon fait. Il avoit remarqué qu'elle lui vouloit du bien, parce qu'elle s'étoit auffi laiffé féduire par les airs de qualité qu'il contrefaifoit à merveille, & qu'étant naturellement crédule, elle n'avoit pas héfité à ajoûter foi à ce qu'il lui avoit dit de fa naiffance, de fes Châteaux & de fes Terres. Il prit donc le parti de ne rien épargner pour devenir fon gendre. L'ouverture que je lui avoit faite, lui fourniffoit l'occafion d'entamer l'affaire, fans que je puffe en former de foupçon, puifque je croyois qu'il agiffoit en ma faveur auprès de Milady, felon que nous en étions convenus. Il fe rendoit chez elle de meilleure heure qu'auparavant. Complaifances, adulations, foins empreffés & officieux, tout fut prodigué. Enfin, il mit en ufage tous les refforts de fon génie fertile & expédient, pour fe concilier fes bonnes graces. Cette Dame, qui étoit favorablement prévenue pour lui, vit avec plaifir l'attachement extraordinaire qu'il lui témoignoit. Elle ne doutoit pas que tant d'attentions n'euſſent pour but de la rendre favorable à ſes deſirs, ſur ſon hymen avec Henriette; elle s'en félicitoit; mais elle avoit peine à concevoir la raiſon qui l'empêchoit de ſe découvrir. Elle atribuoit ſon ſilence à un excès de modeſtie.

Notre Marquis, charmé de voir ſes deſſeins ſuivis d'un ſi heureux ſuccès, auroit bien voulu faire connoître à cette Dame ſes vues ſur ſon aimable fille ; mais ſon engagement avec moi le retenoit : inſenſible dans le fond du cœur aux ſentimens & aux devoirs de l'amitié, il vouloit en conſerver les dehors, & n'oſoit point me trahir ouvertement, de peur que ſa perfidie ne m'engageât à faire des recherches exactes ſur ſon compte, qui me fiſſent découvrir toutes ſes fourberies, ce qui l'auroit perdu ſans retour auprès de Milady, & auroit ruiné toutes ſes eſpérances.

Il s'attacha donc à me perdre ſourdement dans l'eſprit de la belle Henriette, & à fortifier la répugnance que ſa mere paroiſſoit avoir pour moi. Les impoſtures ne lui coûtoient rien ; il en inventoit cent pour une; leur donnoit les couleurs les plus vraifemblables , & les infinuoit dans l'efprit de cette jeune perfonne, d'une façon fi artificieufe, qu'il ne paroiffoit pas avoir deffein de me nuire. Tantôt il me peignoit comme un débauché qui fe ruinoit en folles dépenfes, & qui contractoit des dettes qu'il ne pourroit acquitter que par un mariage avantageux; tantôt il me faifoit paffer pour un homme à bonnes fortunes , incapable d'un véritable attachement , & qui n'en contoit à toutes les belles, que pour en triompher & les abandonner enfuite, après les avoir déshonorées. Si je m'abfentois un jour ou deux pour quelques affaires , il avoit foin de faire foupçonner à Henriette que c'étoit pour paffer de doux momens en pleine liberté avec quelques conquêtes que j'avois faites depuis peu. Toutes ces impoftures, fubtilement lâchées comme au hazard par un homme qui fembloit n'y prendre d'autre part que d'être touché de la mauvaife conduite de fon ami , faifoient la plus terrible impreffion fur le cœur de cette tendre perfonne; elle me recevoit plus froidement qu'à l'ordinaire, fans que je fçuffe à quoi attribuer ce refroidiffement. Je m'en plaignois à mon perfide ami , qui feignoit d'y être fenfible, & qui, pour me confoler, rejettoit ces froideurs fur le caprice des femmes en général. Mon fourbe n'ofoit cependant encore fe déclarer à Milady : il n'avoit pas même découvert à fon aimable fille qu'il l'aimoit ; il s'étoit contenté de le lui dire des yeux. Il attendoit qu'Henriette fut tout-à-fait irritée contre moi. L'occafion ne tarda pas à fe préfenter. Je la lui fournis moi-même par un voyage que je fus obligé de faire dans une de mes Terres, pour y faire réparer le dommage qu'un incendie avoit caufé aux bâtimens du Château. Dès que je fus parti, il me fupplanta par la plus noire fourberie qu'on puiffe jamais imaginer : voici comme il s'y prit.

Son Valet de Chambre, digne Valet de fon Maître, avoit entre autres talens, celui de contrefaire parfaitement toutes fortes d'écritures. Il fe fervit donc de lui pour faire une lettre que j'étois fuppofé lui écrire, & que ce Valet devoit lui apporter, quand il feroit chez Milady. Outre cela, il lui en fit faire une autre auffi de ma part pour Monfieur Linker, Ufurier, qu'il lui fit remettre par un inconnu revêtu de ma livrée.

Après ces préparatifs, il se rendit chez Milady qu'il trouva avec son aimable fille. Après quelques momens de conversation, on vint l'avertir que son Valet de Chambre demandoit à lui parler. En ayant obtenu la permission des Dames, il dit qu'on le fît entrer. Ce Valet lui dit que le Facteur lui avoit remis une lettre à son adresse, & qu'ayant reconnu, à l'écriture de la suscription, qu'elle étoit de moi, il croyoit lui faire plaisir de n'avoir pas différé un seul moment à la lui apporter. Henriette, extrêmement inquiette de mon absence, ayant sçu que cette lettre venoit de moi, pria C...de vouloir bien lui en faire part. Il s'en défendit foiblement, en s'excusant sur l'amitié qui ne lui permettoit pas de révéler les secrets de son ami. Son refus fit l'effet qu'il avoit prévu, & piqua davantage la curiosité de cette Amante jalouse. Elle insista: C.... feignit de se rendre avec peine, & lui remit la lettre suivante; car elle m'est depuis tombée entre les mains, & je la conserve comme un monument de la perfidie des hommes.

Je vous ai dit, cher C... qu'un incendie arrivé à une de mes Terres, étoit la cause de mon voyage; mais ce n'étoit jamais qu'un prétexte pour en cacher le véritable motif à Milady de M... & à sa fille, auxquelles il m'importe de donner le change sur ma conduite, pour ne point faire échouer le projet que j'ai formé de l'épouser, afin de raccommoder, par ce mariage, mes affaires que vous sçavez être fort dérangées. J'écris dans ce moment sur le même ton à Mr. de Linker Usurier, à qui je dois déja beaucoup, pour tâcher d'en tirer l'argent nécessaire pour les prétendues réparations à faire à mon Château. Afin de l'engager plus fortement, je lui fais confidence de mon prochain mariage avec Henriette, qui me mettra en état de lui payer le principal & les intérêts de ce que je lui dois déja, & de ce que je le prie de m'envoyer ; mais avec vous, mon cher, je n'ai rien de caché ; mon bonheur me paroîtroit même moins grand, si vous l'ignoriez. Apprenez donc que je suis aimé de la plus aimable personne du monde. C'est une Lady qui joint à la plus piquante beauté l'esprit le plus fin & le plus délicat : quelle différence, mon cher, entre elle & Henriette ! Celle-ci, entierement dénuée des agrémens de l'esprit, n'a pour tout mérite qu'un peu de jeunesse, & une beauté très-médiocre. Plaignez-moi donc, d'être contraint par le dérangement

de mes affaires , à feindre pour elle de l'a-
mour que je n'ai pas , & que je n'aurai jamais. Mais éloignons ces funestes idées ,
& revenons à mon adorable Lady. Après
quelques jours de soupirs & de soins , j'ai
été assez heureux pour lui faire agréer mes
services : elle a même eu la bonté de me faire l'aveu le plus flatteur, en m'assurant qu'elle avoit pour moi les mêmes sentimens dont
je paroissois rempli pour elle. Enfin , mon
cher , pour abréger un récit que les bornes
d'une lettre ne me permettent pas d'étendre,
je l'ai fait consentir à une promenade à six
lieues de Londres , dans un lieu fait exprès pour l'amour , où cette aimable personne
ne m'a rendu le plus heureux de tous les
hommes. Nous comptons y passer plusieurs
jours ; c'est pourquoi j'ai pris mes mesures
pour avoir de l'argent , afin d'être en état
de fournir à ma chere Lady tous les agrémens qu'il me sera possible d'imaginer. Adieu,
mon cher , soyez discret : faites ma cour à
Milady de M... & à sa fille. Je remets
entre vos mains mes intérêts auprès d'elles;
pour moi , je vais me replonger dans le sein
délicieux de la volupté.

Il ne m'est pas possible de vous exprimer le dépit , la colere , & le trouble
de Milady & d'Henriette , à la lecture

de cette fatale lettre ; mais fur-tout de cette derniere qui m'aimoit véritablement. Elle la prit, la lut, & la relut ; mes caractères étoient fi bien imités, que, ne pouvant douter que je n'en fuffe l'auteur, elle fut plus morte que vive, & ne put retenir fes larmes. Sa mere qui s'en apperçut, l'en reprit aigrement, & lui ordonna de ne plus penfer à moi, & de me méprifer fouverainement. Elle ajoûta qu'elle n'avoit jamais été la dupe de ma fourberie, & finit, en jurant que je ne remettrois jamais les pieds chez elle.

C.... ravi dans le fond du cœur du fuccès de fa perfidie, & voyant que Milady étoit fortie un moment, pour donner quelques ordres à fes gens, profita de cette occafion pour confoler Henriette. Il l'affura que, depuis long-tems, il lui rendoit plus de juftice que fon ingrat ami ; qu'il n'avoit jamais ofé lui découvrir les tendres fentimens que fon mérite lui avoit infpirés, pour ne point violer les loix de l'amitié ; mais que, me rendant moi-même indigne des égards qu'il avoit eus pour moi, il la prioit de lui permettre d'occuper auprès d'elle la place que j'avois fi mal remplie, & de lui

offrir un cœur soumis, tendre & respec-
tueux. C.... comme je l'ai déja dit,
avoit de l'esprit & une figure très-aimable. Henriette étoit piquée jusqu'au vif
de ma perfidie prétendue & des sanglans
mépris dont cette lettre étoit pleine.
L'occasion étoit séduisante ; elle écouta
sans colere cette déclaration ; elle alloit
même y répondre, lorsque Milady de
M... rentra. La conversation retomba
sur cette funeste lettre. J'étois encore sur
le tapis, lorsqu'on annonça Mr. Linker
qui demandoit à parler à Milady. Elle
donna ordre qu'on le fît entrer. » Mada-
» me, dit-il, en entrant, je vous deman-
» de mille pardons de la liberté que je
» prends de vous prier de me donner quel-
» ques éclaircissemens sur une lettre que
» j'ai recue ce matin, dans laquelle il est
» parlé de vous ». Monsieur, répondit
Milady, voyons de quoi il s'agit, & si
je puis vous être utile, comptez sur moi.
Il tira une lettre, la lui remit; elle la lut à
haute voix. Elle étoit conçue en ces
termes.

*Je vais enfin, mon cher Monsieur Linker,
être bien-tôt en état, non seulement de vous
payer ce que vous m'avez fait le plaisir de
me prêter, mais encore de vous donner des*

marques sensibles de ma reconnoissance. Milady de M... me donne au premier jour sa fille en mariage avec soixante & dix mille livres sterlings. Je ne differe même à terminer cette affaire, que parce que j'ai reçu une lettre du Concierge de mon Château, par laquelle il me mande que le feu a réduit en cendres une partie des bâtimens, & que ma présence est absolument nécessaire pour donner ordre à leur réparation. Aussi-tôt que j'aurai remédié à cet accident, je me rendrai à Londres pour y recevoir la main d'Henriette & sa dot ; & mon premier soin sera de vous satisfaire pleinement. Mais pour ces réparations, j'ai besoin de cinq cents guinées. Vous m'obligerez beaucoup, si, au vû de ma lettre, vous voulez bien me les envoyer à l'adresse ci-dessous. Je ne vous les emprunte que pour quinze jours, au bout desquels je promets de vous donner cinquante guinées d'intérêt. Je suis, &c.

Mr. Linker, dit Milady, en lui rendant la lettre, vous êtes le maître de donner à Mr. Crisante ce qu'il vous demande. Je ne vous conseille cependant pas de faire fond, pour en être payé, sur son mariage supposé avec ma fille ; car tant que je vivrai, je ne souffrirai jamais que de tels escrocs entrent dans mon alliance.

Mr. Linker la remercia, & se retira.
Cette lettre donna une nouvelle matiere
à déclamer contre moi. Milady étoit si
indignée, qu'elle avança qu'elle vouloit
au plutôt marier sa fille, de peur que la
mort ne la prévînt avant de la voir éta-
blie, & que, suivant alors son seul caprice, elle ne se vît un jour la dupe de
quelque fripon revêtu de l'extérieur d'un
honnête homme. C...... profitant de
cette disposition favorable à ses vues,
dit à cette Dame qu'il s'estimeroit trop
heureux, si son choix pouvoit tomber sur
lui; mais qu'il se connoissoit trop peu de
mérite pour oser l'esperer. Parlez-vous
sérieusement, lui répondit Milady charmée? Très-sérieusement, Madame, dit
ce fourbe, & si jusqu'à présent j'ai renfer-
mé dans mon cœur mon amour pour la
charmante Henriette, c'est que la timidité, le respect, & l'amitié que j'avois
pour Crisante, m'ont imposé silence. Je
suis ravie, dit Milady, de ce que votre
inclination pour ma fille s'accorde avec
le desir que je formois de vous avoir
pour gendre. Oui, j'y consens de tout
mon cœur; & ma fille sçait trop son devoir pour ne pas se conformer à ma volonté. Henriette qui, dans ces premiers

momens, ne desiroit rien autre chose que de se venger de ma perfidie supposée, dit à sa mere qu'elle lui obéiroit sans répugnance. On ne s'occupa plus ensuite que des préparatifs de cet hymen. Milady y apportoit toute la diligence possible, & C...... impatient de voir cette affaire terminée, la secondoit avec le dernier empressement, de peur que je ne revinsse plutôt qu'on ne m'attendoit, & que je ne lui fisse manquer son coup. Au bout de huit jours, tout fut prêt. Mon fourbe avoit fait de faux titres, de faux certificats, & de faux consentemens de parens qu'il disoit avoir fait venir par son Valet de Chambre qu'il avoit effectivement envoyé en France pour mieux tromper cette Dame. Enfin le jour fut pris pour dresser le contrat, & faire la cérémonie du mariage. Ce fut justement le même où j'arrivai à Londres. Mon amour pour ma chere Henriette, & le desir ardent de la revoir, m'avoient fait apporter tant de diligence aux affaires qui m'avoient appellé à ma Terre, que, ma présence n'y étant plus nécessaire, j'en partis beaucoup plutôt que je ne l'avois pensé. Mon premier soin, à mon retour, fut d'aller voir mon perfide : & ne le trouvant point chez lui, je crus qu'il feróit chez Milady; je m'y rendis donc avec l'empreffement d'un fincere ami, & d'un tendre Amant. Mais quelle fut ma douleur & ma furprife, quand le Portier me refufa l'entrée, & me dit que Milady lui avoit ordonné de me prier de ne me plus préfenter à fa porte. Je ne fçavois à quoi attribuer un refus fi offenfant. Je dis à un de mes gens en qui j'avois de la confiance, de tâcher de découvrir par le moyen de quelqu'un des Domeftiques de Milady, d'où pouvoit provenir un fi étrange changement; je m'en allai chez moi, pour rêver en liberté à cette aventure. A peine y étois-je arrivé, que Mr. Linker, informé de mon retour, vint me trouver. » Monfieur, me dit-il, je vous prie » de vouloir bien me payer ce que vous » me devez, puifque le tems de l'échéan- » ce de votre billet eft écoulé, car il n'y a » aucun fond à faire fur votre mariage » avec Mademoifelle Henriette, dont » vous m'avez parlé dans la lettre que » vous m'avez fait l'honneur de m'écri- » re ». Je tombai des nues, en l'entendant parler de mon mariage & de ma lettre. Je lui devois une légere fomme que je m'étois vu obligé d'emprunter pour

payer promptement une fomme que j'avois perdue au jeu fur ma parole, & dont mon fourbe avoit eu fa part. C'étoit la feule fois que j'avois empunté; & jamais je n'avois eu d'autre relation avec cet Ufurier. Surpris au de-là de ce que l'on peut s'imaginer, Mr. Linker, lui dis-je, je fçais que je vous dois quelque chofe : ainfi, rendez-moi mon billet, & je vais vous compter de l'argent. Mais je ne conçois pas pourquoi vous mêlez là-dedans mon mariage. Qu'eft ce que cela a de commun avec ma dette ? d'ailleurs, que voulez-vous dire par cette lettre ? je ne vous ai jamais écrit qu'un billet par lequel je reconnoiffois vous devoir tant. En vérité, Mr. Linker, vous perdez l'efprit. » Non, Monfieur, répondit l'Ufu-
» rier, je ne le perds pas, puifque voici
» encore votre lettre ». Je la pris, & voyant la parfaite imitation de mon écriture, à peine en pouvois-je croire à mes propres yeux. Mon étonnement étoit fi grand, que je laiffai à Mr. Linker le tems dé me dire l'ufage qu'il avoit fait de cette funefte lettre, & la réponfe que Milady lui avoit donnée. Outré jufqu'au fond du cœur d'une nouvelle fi défefpérante, je payai cet homme, retirai mon billet,

& le congédiai promptement, pour me livrer à mes tristes réflexions. Des évènemens si extraordinaires étoient pour moi
un abîme où je me perdois. Je ne pouvois m'imaginer d'où partoit une perfidie
si inouie ; j'étois bien éloigné d'en croire
de C...... l'auteur. Je me rappellois
toutes les circonstances de ma vie pour
voir si je n'aurois point offensé quelqu'un
qui, pour s'en venger, m'auroit joué un
si cruel tour. Mais mes recherches ne me
fournissoient à ce sujet aucune lumiere.
J'étois dans ces tristes réflexions, lorsque
mon Valet vint me rendre compte de ce
qu'il avoit découvert.

» Monsieur, me dit-il, pour m'acquit-
» ter plus parfaitement de la commission
» dont vous m'avez chargé, je me suis
» adressé à Lise avec qui vos assiduités
» chez Milady m'ont donné lieu de me
» lier, & de laquelle je suis vu d'assez bon
» œil, esperant que je pourrois plus faci-
» lement tirer d'elle ce que vous desirez
» sçavoir. Je ne me suis pas trompé dans
» mon espérance : elle m'a tout avoué ».
Ce fidèle garçon me découvrit ensuite
toutes les manœuvres que vous venez
d'entendre. » Je ne m'en suis pas tenu là,
» ajoûta-t-il, j'ai assuré Lise que vous

» étiez innocent de ce dont on vous
» avoit chargé ; que vous aviez toujours
» resté à votre Terre pendant votre ab-
» sence, ce que je pouvois assurer, ne
» vous ayant pas quitté. Je lui ai juré
» que vous aimiez Mademoiselle Hen-
» riette avec la plus forte & la plus fi-
» dèle passion. Enfin, je l'ai engagée à
» vous servir auprès de sa Maitresse, &
» à la détromper de tant de calomnies ;
» & je lui ai fait esperer que vous la ré-
» compenseriez bien de ses soins. Elle
» me l'a promis, & elle m'a dit de vous
» avertir de vous trouver dans une heure
» à une porte de derriere de l'Hôtel de
» Milady qui répond à un escalier déro-
» bé qui conduit à l'appartement de sa
» Maitresse ; qu'elle tâcheroit de la faire
» consentir à entendre vos justifications,
» & qu'elle viendroit vous introduire au-
» près de Mademoiselle Henriette ».
Je le remerciai de son zèle ; je lui promis
de le marier avec Lise, puisqu'il l'aimoit,
& de les avantager tous les deux. Je fis
ensuite mille imprécations contre la perfidie de C...... & je jurai de m'en
venger. Ce garçon me retira de mon
transport, en m'avertissant qu'il étoit
tems de partir pour me trouver au ren-

dez-vous. J’y allai donc: Lise m’attendoit déja. Je lui donnai quelques guinées, & je lui promis d’avoir soin de l’établir. Elle me conduisit dans l’appartement de ma chere Henriette que je trouvai baignée de larmes. Je me jettai à ses genoux, & je les embrassai, en lui disant tout ce que je crus capable de la faire revenir de son erreur. Pour toute réponse, elle me montra cette affreuse lettre où elle étoit si indignement outragée, en me disant: Pouvez-vous désavouer votre écriture? Il est vrai, lui répondis-je, charmante Henriette, que cette lettre est si parfaite-ment contrefaite, que j’en suis dans le der-nier étonnement ; mais je vous jure par tout ce qu’il y a de plus sacré, que cel-le-là, non plus que celle que Mr. Linker vient de me rendre, n’est pas de moi. Il m’est facile de vous convaincre que ce sont des fourberies de mon perfide ami, en vous prouvant plus clair que le jour par le rapport de mes gens, de tous les Habitans, & des Gentils-hommes voisins de ma Terre, que je ne l’ai pas quittée depuis que je suis sorti de Londres pour remédier au dommage que le feu y a réellement causé. Il m’est également aisé de vous faire connoître que mes affaires font dans le meilleur état où je les puisse defirer, & que je n'ai jamais contracté qu'une feule fois une dette, pour payer l'argent que j'avois perdu au jeu ; laquelle dette est rembourfée actuellement. Henriette fit encore quelque difficulté d'ajoûter foi à mes proteftations de fidélité ; mais je lui fis voir fi clairement mon innocence, que je l'appaifai. Nous ne penfâmes plus qu'aux moyens de rompre ce mariage infâme. La plus grande difficulté étoit de défabufer Milady, qui étoit fi fort prévenue contre moi, & entêtée de C...... mais je lui dis que l'effentiel étoit de gagner du tems, pour différer la conclufion de l'hymen : ce qu'elle pourroit exécuter à l'aide d'une feinte maladie ; que j'allois faire d'exactes perquifitions pour mettre dans un plus grand jour les friponneries de C...... que je connoiffois alors clairement n'être qu'un aventurier & un filou, ne doutant pas que fon bonheur au jeu ne fût un effet de fa fubtilité. Infiniment fatisfait d'avoir défabufé cette aimable perfonne, je fortis dans le deffein de chercher mon impofteur : je n'eus pas fait quatre pas, que je vis fon équipage qui venoit à grand train chez Milady ; il étoit dedans avec un Notaire qu'il amenoit pour dreſſer le contrat. Je dis au cocher d'arrêter, &, ſautant à la portiere, je lui dis de deſcendre, que j'avois un mot à lui dire ſans témoin. Un voleur, pris ſur le fait, n'eſt pas plus confus que le fut ce fripon à mon aſpect. Il ſe remit pourtant de ſon trouble, & doutant ſi j'avois découvert ſes perfidies, il voulut pouſſer la feinte juſqu'au bout, & m'embraſſer avec l'empreſſement d'un tendre ami ; mais, mettant l'épée à la main : Arrête, lui criai-je, infâme ; je connois toute ta ſcélérateſſe ; la diſſimulation n'a plus lieu. Puiſque, par tes impoſtures, tu m'as voulu ravir le cœur d'Henriette, & l'honneur qui eſt la ſeule choſe au monde que je lui préfere, malheureux, il faut que tu m'ôtes encore la vie, ou que je te puniſſe de tes crimes. C....... qui n'étoit rien moins que brave, (car un mal-honnête homme l'eſt rarement, trembla,) pâlit, & n'oſa point ſe battre. Je le preſſois de ſe défendre, ſans quoi je le menaçai de l'immoler à mon juſte reſſentiment. Mon fripon, d'une voix mal aſſurée, me demanda pardon & la vie, dans les termes les plus humbles & les plus ſoumis. Le Notaire,

dès qu'il m'avoit vu tirer l'épée, étoit allé avertir Milady de ce qui se passoit. Cette Dame accourut à l'appartement de sa fille, dont les fenêtres donnoient sur la rue où nous étions. Je les y apperçus toutes les deux, & , élevant la voix, je dis à mon fripon : » Va, scélérat, je veux » bien te laisser ton infâme vie ; mais ce » n'est qu'à condition que tu découvriras » à ces Dames, témoins de ta lâcheté, » toutes tes impostures, & que tu les dé- » sabuseras de toutes les calomnies dont » tu m'as noirci auprès d'elles. Si tu ne » le fais, je vais te livrer entre les mains » de la Justice, qui te punira de tes for- » faits, sans que je me souille d'un sang » aussi vil que le tien. Décide-toi promp- » tement : tu n'as pas eu honte de com- » mettre tant de perfidies ; tu n'en dois » point avoir de faire, au moins une fois » en ta vie, un acte de justice ». Ce mi- sérable, n'osant résister, se laissa conduire chez Milady, qui étoit déja descendue dans sa cour avec ma chere Henriette. Quand il fut devant elles : Allons, fripon, lui dis-je, confesse à ces Dames tous tes crimes, si tu veux éviter le gibet que tu a tant de fois mérité. C...... ne pouvant faire autrement, dévoila à Milady

lady & à fa charmante fille tous fes myſ-
tères d'iniquité. Ce récit les fit frémir
d'horreur, fur-tout la mere, qui, étant
naturellement bonne, ne pouvoit concevoir comment on avoit une ame
ſi fcélérate avec un dehors d'honnête
homme ſi impoſant. Me voyant pleinement juſtifié par la confeſſion de ce co-
quin, je me jettai aux genoux de Milady,
& la conjurai de vouloir bien couronner
mon amour pour fa charmante fille, en
me faiſant la grace de m'accepter pour
gendre; puiſque, depuis long-tems, Henriette & moi brûlions d'une égale tendreſſe. La bonne Dame y conſentit, &
nous dit : » Allons, mes enfans, je veux
» vous dédommager de vos chagrins, en
» comblant vos vœux, & que le Notaire,
» que ce fripon a amené, ſerve à cimen-
» ter votre union. Et vous, dit-elle à
» C...... tâchez de devenir honnê-
» te homme, ſans quoi, je vous prédis
» que vous ferez une mauvaiſe fin ».

A peine avoit-elle achevé ces paroles,
que nous vîmes entrer une bande d'Ar-
chers. Celui qui les commandoit, s'adreſ-
fant à Milady, Henriette, & moi, nous
pria poliment d'excuſer la liberté qu'il
prenoit de venir enlever, & en notre

préfence, un fripon ; mais qu'il avoit des ordres fi précis de ne point le laiffer échapper, qu'il n'avoit pu fe difpenfer de profiter de cette occafion. Il nous montra enfuite fon ordre. Milady lui dit que n'ayant point d'intérêt à fa confervation, il pouvoit l'arrêter. Ils le faifirent donc, le lierent, & l'emmenerent en prifon. Nous fimes enfuite dreffer notre contrat; &, dès le foir même, j'eus la fatisfaction de me voir uni à ma chere Henriette. Le lendemain, j'employai mon crédit & celui de mes amis, pour obtenir la liberté de mon filou ; elle me fut accordée, à condition qu'il fortiroit du Royaume avec défenfe d'y rentrer jamais, fous peine d'être puni dans toute la rigueur des Loix. On le fit embarquer, & conduire en France. J'ai appris depuis peu que, ayant été convaincu de quelques nouvelles friponneries, on l'avoit condamné aux galeres à perpétuité : digne fin d'un fcélérat comme lui.

Vous voyez, mon cher Léonce, continua Crifante, combien j'ai été prêt de perdre ma chere Henriette, & quel malheur c'eût été pour elle & pour moi, fi mon retour avoit tardé d'un jour ; mais, comme je crois que c'eft le Ciel qui m'en a préservé , en m'inspirant de partir promptement, j'espere qu'il vous fera aussi , plûtôt que vous ne pensez, la grace de lever, par des moyens qui vous sont inconnus, tous les obstacles qui s'opposent à votre union avec Sylvie. Le récit de cette aventure donna lieu à bien des réflexions sur les dangers de se livrer à une personne qu'on ne connoît pas à fond. Ces trois amis se voyoient tous les jours, à moins que des affaires indispensables ne les appellassent ailleurs. Il y avoit déja six mois que Léonce menoit à Londres une vie aussi douce que sa séparation de Sylvie pouvoit le lui permettre. Il auroit bien voulu pouvoir aller la voir ; mais il craignoit, s'il venoit à être découvert, de lui causer de nouveaux chagrins. Il falloit, malgré lui, qu'il se bornât au plaisir de recevoir de ses nouvelles, & de lui en donner des siennes. Il se dissipoit avec ses amis dans des parties de souper auxquels la sagesse & la tempérance présidoient toujours. Un soir, revenant assez tard d'un de ces soupers qu'il avoit fait avec ses amis, il entendit quelqu'un qui l'appelloit par son nom. Il dit à son Cocher d'arrêter ; & il vit une personne qui, à la lueur des flambeaux que ses gens por-

toient derriere son Carosse, lui présenta
une lettre, & se retira avec beaucoup de
précipitation. Il lui tardoit d'être rendu
chez lui, pour voir de quelle part lui venoit cette lettre, & ce qu'elle contenoit.
Dès qu'il fut arrivé dans son appartement, il l'ouvrit, & y trouva ces mots:

*Une personne que vous connoissez, & que
ses malheurs rendent digne de votre com-
passion, prie avec instance le généreux
Léonce de lui faire l'honneur de la venir
voir demain sur les onze heures dans l'Hôtel de .... où elle l'attendra. Elle ne peut
s'expliquer davantage, ni confier au papier
des secrets d'où dépend sa vie. Elle se réserve
à les lui communiquer, quand elle aura le
plaisir de le voir.*

Un si mistérieux billet, donné à une
telle heure & sans seing, fit soupçonner
à Léonce que c'étoit un piége de la part
de quelqu'une de ces victimes de la lubricité publique. Il étoit même résolu de
ne point se trouver au rendez-vous; mais,
quand il réfléchit que ce pourroit être
quelqu'infortunée qui réclamoit son secours, il crut qu'il y auroit de l'inhuma-
nité à le lui refuser. Les tristes revers
qu'il avoit essuyés, l'avoient rendu sensible & compatissant pour tous les mal-

heureux. D'ailleurs, comme le rendez-vous étoit en plein jour, il ne vit rien à craindre pour lui. Il se détermina donc à n'y pas manquer, & s'y rendit en effet le lendemain, à l'heure marquée. Dès qu'il fut entré dans l'Hôtel qu'on lui avoit indiqué, une Femme de chambre l'introduisit dans un appartement où il trouva la jeune Demoiselle Italienne à qui il avoit sauvé l'honneur. » Vous êtes sur-
» pris, généreux Léonce, lui dit-elle, en
» l'embrassant, de me voir dans ce Pays
» étranger ; vous formez peut-être déja
» sur moi des soupçons défavantageux ;
» mais, suspendez, je vous prie, le juge-
» ment que les apparences peuvent vous
» faire porter, & permettez-moi de vous
» dire les raisons qui m'ont obligée à
» cette démarche ». Léonce l'assura qu'il étoit si rempli d'estime pour elle & si fortement persuadé de sa vertu, qu'il ne pouvoit la soupçonner d'avoir fait aucun pas qui lui soit contraire. » Pardonnez-
» moi, Seigneur Léonce, répondit Dona
» Theodora, (c'étoit le nom de cette
» Demoiselle), j'aurois peut-être dû
» souffrir qu'on me rendît la plus mal-
» heureuse de toutes les femmes, plû-
» tôt que de faire une démarche si hazar-

» deuſe, & qui m'expoſe à tant de mal-
» heurs ; mais je ne m'en repens pas,
» puiſque j'ai eu enfin le bonheur de
» vous trouver ; & j'eſpere que vous me
» garantirez des dangers qui me mena-
» ceroient ſans vous ». Enſuite, l'ayant
prié de s'aſſeoir, elle continua ainſi :

» A peine étois-je remiſe du chagrin
» que m'avoit cauſé votre départ préci-
» pité malgré mes inſtances, que je me
» vis accablée par la double affliction de
» la mort de mon pere à laquelle ma
» mere ne ſurvécut que de quelques jours.
» Quoique leur perte me cauſât une ſen-
» ſible douleur, je la ſentis bien plus vi-
» vement, quelque tems après, par la du-
» reté avec laquelle me traita mon Tu-
» teur, frere de ma mere, ſous la do-
» mination duquel je tombai. J'avois été
» élevée avec beaucoup plus de liberté,
» que n'en ont ordinairement les filles
» de condition en Italie. Mon pere &
» ma mere avoient trop de tendreſſe
» pour moi, pour ſe conformer, à mon
» égard, au bizarre uſage du Pays, qui
» fait des Demoiſelles autant de capti-
» ves, & que l'on renferme dans l'é-
» troite enceinte de leur appartement ;
» comme ſi la vertu n'étoit point la plus

» sûre garde d'une fille bien née. Ils
» ne me contraignoient presque pas,
» comptant plus sur ma docilité à leurs
» salutaires avis, sur la bonne éducation
» qu'ils me donnoient, & sur ma propre
» sagesse, que sur les verroux, les gril-
» les & jalousies. Vous avez pu, Sei-
» gneur, être informé que jamais je n'a-
» busai de leur indulgence à mon égard.
» Mon oncle tint une conduite toute op-
» posée : il me condamna d'abord à une
» captivité perpétuelle, & toute la grace
» que je pus obtenir de lui, fut de me
» donner pour compagnie ma Bonne que
» vous voyez, qui m'avoit élevée, &
» qui m'aimoit beaucoup : aussi l'aimois-
» je bien véritablement, & sa présence
» me fut d'une grande consolation pour
» supporter un si rigoureux sort ; au lieu
» que j'aurois eu en sa place, une de ces
» impitoyables surveillantes, qui sont
» comme autant de furies inhumaines,
» faites pour le supplice des jeunes per-
» sonnes. Je passai dans cet état près d'un
» an ; je ne sortois qu'une fois par semai-
» ne, pour assister à une Messe-basse, le
» Dimanche, dans une Eglise voisine de
» la maison de mon Oncle, & j'étois
» obligée de rentrer aussi-tôt dans ma

>> prifon. Au bout de ce tems , mon On-
>> cle , qui me voyoit rarement , vint me
>> trouver , & me tint ce difcours :
>> Il s'en faut bien , ma Niece , que
>> les affaires de mon frere foient en auffi
>> bon état qu'on le penfoit. La plus
>> grande partie de fon bien eft aliénée;
>> prefque tout le refte eft abforbé par
>> les dettes qu'il a contractées pendant
>> fa vie, de forte qu'il ne vous refte pref-
>> que rien de clair. Vous ne pouvez pas
>> vous flatter , avec fi peu de bien , de
>> trouver un parti convenable à votre
>> naiffance & à votre condition : vous de-
>> vez encore moins efperer que je fouffre
>> jamais que vous époufiez un homme
>> d'un état inférieur à votre Famille, qui
>> a toujours tenu dans ce Pays un rang
>> honorable. Vous voyez donc, ma Nie-
>> ce , qu'il ne vous refte d'autre parti à
>> prendre que l'état religieux ; encore
>> votre bien ne fuffira-t-il pas pour votre
>> dot ; mais j'y fuppléerai du mien. Je
>> vous donne huit jours pour vous y ré-
>> foudre. Priez Dieu , pendant ce tems,
>> qu'il vous donne de la vocation pour
>> ce genre de vie , & choififfez dans
>> quel Ordre vous aimez le mieux en-
>> trer. Je veux bien vous en laiffer l'op-

» tion. Après ce beau difcours, il me
» quitta, fans attendre ma réponfe.

» Je vis du premier coup d'œil tout
» ce que je devois penfer de ce qu'il ve-
» noit de me dire. Je le connoffois avare
» au dernier point. La fucceffion de mon
» pere, qui étoit confidérable, le ten-
» toit; il vouloit fe l'approprier, en me
» forçant à entrer dans un Cloître. La con-
» noiffance que j'avois de fon caractère
» dur & infléxible, ne me permettoit
» pas de me flatter que je pourrois l'at-
» tendrir par mes prieres, ni lui faire
» changer de réfolution. Je tombai dans
» un défefpoir affreux. La feule penfée
» de mener une vie auffi trifte que l'eft
» celle du Cloître, me faifoit frémir
» d'horreur. Ce n'eft pas que j'euffe quel-
» qu'inclination de cœur qui m'attachât
» au monde. Hélas ! Seigneur, depuis
» que l'ouverture que vous m'avez faite
» de votre attachement pour la belle
» Sylvie, m'eut fait connoître que je ne
» devois point afpirer à la poffeffion de
» votre cœur, infenfible pour tout autre
» objet, j'ai banni de mon ame l'amour
» qui commençoit à en troubler la tran-
» quillité, & je n'ai confervé pour vous
» que les fentimens de la plus fincère

C v

» amitié. Rien ne m'infpiroit donc de
» l'horreur pour la vie religieufe, que
» l'averfion invincible que j'y avois natu-
» rellement. Je communiquai à ma Bon-
» ne le défefpoir où la réfolution de
» mon Oncle me jettoit, & je la conju-
» rai avec inftance d'y apporter du reme-
» de. N'y auroit-il pas moyen, lui difois-
» je, de me tirer d'ici ? Rien n'eft plus
» facile, me répondoit-elle ; mais où
» trouver un afyle qui nous dérobe aux
» perquifitions de votre oncle ? Nous
» irons, lui difois-je, en France, trouver
» le Seigneur Léonce ; je lui ferai le récit
» de mes infortunes : il eft généreux, il
» en fera touché ; il me donnera un afyle
» auprès de fa chere Sylvie, qu'il a fans
» doute époufée, & que j'aime fans avoir
» l'avantage de la connoître. Le portrait
» qu'il m'en a fait cent fois pendant fa
» maladie, m'a infpiré pour elle la plus
» tendre eftime ; & je me croirai trop
» heureufe, fi je puis couler tranquille-
» ment mes jours auprès de l'un & de
» l'autre. Ma Bonne avoit bien de la
» peine à approuver une réfolution qui
» nous expoferoit à tant de dangers. La
» tendreffe qu'elle avoit pour moi l'em-
» porta cependant fur les oppofitions que la

» raifon lui fourniffoit. Mais , ma chere
» fille, me dit-elle , vous ne penfez pas
» au plus effentiel ; vous ne parlez pas
» d'argent ; voulez-vous être à charge
» à vos généreux hôtes ? Je n'en ai , lui ré-
» pondis-je , que ce que j'ai détourné
» dans le tems de la mort de mon pere.
» Ah! me dit-elle , ce que vous en avez
» fuffira à peine pour les frais du voyage;
» mais je fçais où en trouver. Je connois
» l'endroit où votre Oncle cache fon tré-
» for , & où il met fa clef, quand il fort :
» Il me fera aifé de le lui enlever. Je m'en
» vais, dès ce foir, avertir un parent que
» j'ai dans la Ville, de nous tenir une chaife
» & des chevaux prêts pour l'entrée de la
» nuit de demain , & après demain ma-
» tin, nous ferons déja bien près des Fron-
» tieres de France. Votre Oncle doit
» partir demain pour vaquer à fes affaires,
» qui le retiendront deux jours à la campa-
» gne : ainfi nous ferons en fûreté avant fon
» retour, & avant qu'il fe foit apperçu de
» notre évafion. Je fus auffi ravie du pro-
» jet de ma Bonne, que fi elle m'eût ren-
» du la vie. Tout s'accomplit comme
» elle l'avoit concerté, & nous arrivâ-
» mes heureufement en France. Mais ,
» m'étant informé de vous, Seigneur, &

C vj

» ayant appris vos malheurs & votre ab-
» sence, je sentis ma joie troublée par
» des nouvelles si contraires à mes des-
» seins. Ayant néanmoins sçu que votre
» chere Sylvie étoit dans une état libre, &
» vivoit à la campagne dans la solitude
» & l'indépendance, je me consolai, dans
» l'espérance que vous voudriez bien me
» faire la grace de l'engager à me rece-
» voir avec elle. Vingt mille ducats que
» nous avons enlevés à mon Oncle, me
» mettront à portée d'acheter quelque
» bien voisin du sien, qui se joindra à sa
» Terre, pour la dédommager de la dé-
» pense que ma Bonne & moi pourrons
» lui occasionner. Pleine de ces idées, je
» me suis embarquée pour venir vous
» chercher. Je suis depuis huit jours à
» Londres, n'osant pas sortir, pour évi-
» ter les périls auxquels une jeune fille
» seule est exposée, & épiant les occa-
» sions de vous faire prier de me faire
» l'honneur de me venir voir. Je vous
» remercie, Seigneur, de votre complai-
» sance, & je vous prie très-instamment
» de m'accorder la faveur que je vous de-
» mande de me faire trouver un asyle au-
» près de l'aimable Sylvie. La générosi-
» té avec laquelle vous m'avez arrachée

» à la brutalité d'une troupe de Soldats
» effrénés, m'est un garant de la compaf-
» fion que vous aurez pour mes nouveaux
» malheurs, & du fecours que vous vou-
» drez bien me donner dans des conjonc-
» tures fi embarraffantes ». Vous ne
vous êtes pas trompée, belle Théodora, lui
répondit Léonce, quand vous m'avez rendu la juftice de me croire entierement dé-
voué à votre fervice. Je ferois le plus ingrat
de tous les hommes, fi j'oubliois jamais
les foins obligeans & empreffés que vous
avez daigné avoir de moi, qui ont plus
contribué à me rendre la vie & la fanté,
que tous les fecours des Médecins. Oui,
chere Théodora, non feulement j'enga-
gerai Sylvie à partager avec vous la petite fortune dont le Ciel l'a favorifée, mais
je veux vous y conduire moi-même, pour
participer à la joie qu'elle reffentira d'a-
voir une compagne fi aimable. Si vous
l'obligez à quelque dépenfe de plus, n'en
fera-t-elle pas bien dédommagée par l'a-
grément d'avoir une société fi gracieufe ?
Ne parlez donc plus du don que vous
êtes difpofée à lui faire. Je connois Sylvie ; elle a le cœur trop noble, pour
qu'une pareille propofition ne l'afflige
pas. Je vais, dès aujourd'hui, préparer ce

qui nous eſt néceſſaire pour ce voyage. Faites, s'il vous plaît, vos arrangemens de votre côté, &, au moment du départ, je viendrai vous prendre. Mais afin que vous ſoyez plus en ſûreté pendant la route, & pour être plus en état de vous garantir des accidens qui pourroient nous arriver, je vais mettre du voyage un des amis que j'ai faits ici, qui eſt parfaitement honnête homme, & ſur lequel je puis compter comme ſur moi-même. Théodora, pénétrée de la plus vive reconnoiſſance, ne ſçavoit comment le remercier d'un ſervice qui lui tenoit ſi fort au cœur. Léonce lui confirma la diſpoſition où il étoit de l'obliger en tout ce qui dépendroit de lui, & ſe retira pour aller exécuter ce qu'il lui avoit dit. Ce jeune Seigneur trouvoit tant de plaiſir à ſecourir les infortunés, qu'il étoit ravi de ce que Théodora lui fourniſſoit cette occaſion de ſuivre ſon penchant bienfaiſant. Il alla donc ſur le champ trouver le Chevalier de Termeleck, & lui confiant les malheurs de cette belle affligée, il lui demanda s'il vouloit l'accompagner, en la conduiſant chez Sylvie. » Très – volon-
» tiers, lui répondit le Chevalier : auſſi
» bien il y a long-tems que, plein de la

» plus haute eſtime pour l'objet de ton » amour, je deſire avec ardeur la voir, » & lui rendre mes devoirs ». Je t'avouerai, mon cher, lui dit Léonce, que la compaſſion pour Théodora n'eſt pas tout-à-fait la cauſe de l'empreſſement que tu me vois à la conduire en France. Le plaiſir de voir ma chere Amante y a un peu de part, & je ſuis charmé de trouver ce prétexte plauſible d'aller la revoir pendant quelques jours, ſans qu'elle puiſ-ſe m'accuſer de m'expoſer ſans néceſſité à lui attirer, à elle & à moi, de nouveaux malheurs. Je me repoſe ſur toi du ſoin de faire fretter un Bâtiment, pendant que je prendrai congé des amis de mon pere, en leur diſant que je vais paſſer avec toi quelques jours à ta campagne ; car, ſi je manquois à les prévenir, mon abſence les inquiéteroit : ils en informeroient mon pere, qui, ſe doutant bien que je ſerois chez Sylvie, viendroit m'y faire des re-proches, ainſi qu'à cette aimable perſon-ne. C'eſt une mortification que je veux nous épargner. Le Chevalier alla donc s'informer s'il n'y avoit pas ſur le Port de la Tamiſe quelque Vaiſſeau prêt à faire voile pour la France. Il en trouva juſte-ment un qui devoit profiter ce ſoir même de la marée, pour mettre à la voile, & qui alloit vuide à Dieppe s'y charger de marchandiſes. Il fit prix avec le Capitaine, & revint trouver Léonce qui fut bien content de ce que le hazard ſecondoit ſi à propos leur deſſein. Après donc avoir fait leurs adieux, ils ſe rendirent tous deux, avec chacun un Domeſtique, à l'Hôtel où Dona Théodora étoit logée. Ils la trouverent déja prête à partir ; ils l'emmenerent à bord du Vaiſſeau dont le Capitaine fit lever les ancres, parce que le vent & la marée leur étoient favorables.

Pendant le trajet, Léonce s'occupoit du plaiſir qu'il alloit goûter en revoyant ſa chere Sylvie. Le Chevalier lui faiſoit la guerre, en badinant de la douce rêverie où cette agréable penſée le jettoit. Quand Léonce, un peu piqué de la raillerie de ſon ami, lui dit : Tu as mille qualités plus aimables les unes que les autres ; mais, mon cher, il t'en manque une bien eſſentielle à ton bonheur: c'eſt d'être plus ſenſible au mérite du beau ſexe, & aux douceurs qu'un amour pur & innocent répand dans l'ame. Je voudrois, continua-t-il, en ſe tournant du côté de Dona Théodora, que Mademoiſelle pût fondre la glace de ton cœur ; elle a aſſurément tout ce qu'on peut deſirer pour former un véritable attachement ; tu n'es pas non plus indigne d'elle , & je ne vois pas de couple qui pourroit être mieux aſſorti, ſi, comme je le ſouhaite, vous conceviez l'un pour l'autre une mutuelle tendreſſe. Dona Théodora rougit modeſtement, & Termileck fut un peu déconcerté ; car les charmes de la belle Italienne avoit déja fait quelqu'impreſſion ſur ſon cœur, ſans qu'il s'en fût apperçu. Il ſe remit pourtant. » Je » rends juſtice , mon cher, répondit - il à » ſon ami , au mérite du beau ſexe. Per- » ſonne n'eſtime plus que moi les femmes » qui joignent à la beauté la vertu & l'eſ- » prit ; mais je t'avouerai que, dans ce » que j'ai lu, & dans ce que jai pu voir par » moi-même des effets de l'amour, j'y » trouve tant de malheurs, que je tremble » à la ſeule penſée d'une paſſion ſérieuſe , » qui entraîne preſque toujours avec elle » mille funeſtes revers. Sans chercher bien » loin des exemples de ce que l'amour » fait ſouffrir, toi-même, cher Léonce, » ne m'en fournis-tu pas un des plus ef- » frayans ? A combien d'infortunes n'es- » tu pas en bute ? As-tu, depuis quelques » années, joui d'un moment de tranquil-

>> lité ? Mais , quand même on pourroit,
>> fans éprouver de traverfes, obtenir la
>> poffeffion de ce qu'on aime, de quels tour-
>> mens les foupçons jaloux, & la crainte
>> de voir l'objet de fon amour fe livrer
>> à l'inconftance, ne déchirent-ils pas un
>> cœur fortement épris ? Ajoutez à cela
>> qu'il faut néceffairement en être féparé
>> par la Parque qui n'épargne perfonne ;
>> quels regrets , quelle douleur ne caufe
>> pas une perte fi fenfible? Je conclus donc,
>> mon cher , qu'il eft bien plus prudent
>> de s'épargner tant de maux , en fuyant
>> un engagement qui les rend inévita-
bles >>. Tous ces raifonnemens font bons
dans la fpéculation, dit Léonce ; mais la
pratique en eft impoffible, &, quand l'heure marquée pour la défaite de ton cœur
fera arrivée, tes réflexions & la réfiftance
ne pourront te défendre des traits de l'a-
mour, infiniment plus forts que tous les
fecours que la raifon peut fournir contre
eux. D'ailleurs, mon cher Chevalier,
tu as tort de te laiffer tant effrayer par les
tourmens des Amans. Il eft vrai qu'il y
en a de rudes ; mais , quand on a le bonheur d'être aimé, comme ton mérite
m'affure que tu le feras dès que tu voudras
plaire, l'ame reffent un plaifir fi déli-

cieux, que tous les affauts des caprices du fort ne font rien en comparaifon du plai-fir que l'on éprouve. Théodora, in-
» terrompant Léonce : » Je fuis, dit-elle,
» du fentiment de Mr. de Termileck ;
» & , quand il feroit vrai, comme vous le
» dites, qu'on pût fe promettre, en ai-
» mant, des plaifirs plus flatteurs que les
» tourmens de l'amour ne font rigoureux,
» je trouve qu'il y a toujours plus de fûreté
» à fe borner aux plaufibles douceurs de
» l'heureux état d'indifférence, que de re-
» chercher des biens qu'on n'obtiendra
» peut-être jamais, au hazard d'éprouver
» mille maux. Qui peut d'ailleurs affurer
» un Cavalier ou une Dame, qu'ils feront
» payés d'un fincère retour ? Et, quand
» il feroit vrai qu'on pût efperer de l'ê-
» tre , ne refte-t-il pas toujours la crainte
» de l'inconftance ? Faut-il donc, pour
» un plaifir paffager, fe préparer un re-
» pentir éternel ? Je conviens avec vous,
» Seigneur Léonce, qu'il y a une defti-
» née à laquelle on ne peut fe fouftraire.
» Pour lors, quand les efforts de la rai-
» fon font inutilement épuifés, & qu'on
» eft forcé de fuivre l'influence de fon
» Etoile, fi l'on eft en proye aux mal-
» heurs dont nous venons de parler, on

» a du moins, dans ſes peines, la conſola-
» tion de n'avoir rien à ſe reprocher, &
» d'avoir fait tout ce qu'on a dû faire
» pour les éviter. Juſqu'à ce fatal mo-
» ment, il me ſemble que leur intérêt
» perſonnel doit engager les hommes &
» les femmes à fuir un engagement ſi
» périlleux. Je penſe comme vous, belle
» Théodora, réprit Termileck ; mais,
» s'il faut que mon étoile me deſtine à
» l'amour, je ſouhaite de tout mon cœur
» que ce ſoit vous qui en ſoyez l'objet,
» & que la même deſtinée faſſe en ma
» faveur, la même impreſſion ſur votre
» ame. Les qualités brillantes & vertueu-
» ſes que je découvre à chaque moment
» en vous, m'aſſurent que je n'aurois point
» à craindre de votre part le tourment
» de l'inconſtance, qui eſt le plus redou-
» table aux Amans ; & votre mérite in-
» fini vous eſt un ſûr garant de la fidé-
» lité éternelle avec laquelle je vous ſe-
» rois attaché ». Il prononça ces paroles
d'un air ſi paſſionné, que Léonce ſoup-
çonna que les charmes de la belle Italienne avoient déja commencé à triompher de l'inſenſibilité de ſon ami. Il en
fut charmé ; mais il ne lui en témoigna
rien. Théodora s'apperçut auſſi de l'é-

motion avec laquelle il les avoit dites ; &, pour n'être pas obligée d'y répondre, elle feignit de ne les avoir pas comprises, & changea de conversation, en leur faisant remarquer les Côtes de Normandie qu'on commençoit à découvrir. Cette vue leur fit plaisir, & ils ne s'entretinrent plus, jusqu'à ce qu'ils furent entrés dans le Port de Dieppe, que de l'agréable surprise que leur arrivée imprévue causeroit à Sylvie. Dès qu'ils furent arrivés à l'Auberge, ils se coucherent pour prendre du repos, n'ayant pu le faire pendant le trajet, parce que le Bâtiment qui les avoit portés, n'étant qu'un petit Vaisseau marchand, il n'y avoit qu'une très-petite Chambre & fort incommode. Etant bien remis, par le sommeil, de la fatigue de la Mer, ils prirent la poste pour se rendre plus promptement à la Terre de Sylvie, qui, les voyant arriver, fut dans un étonnement inconcevable. Elle ne sçavoit que penser de ce voyage dont elle n'avoit point été prévenue ; elle n'osoit faire éclater, devant ces personnes inconnues, son amour pour Léonce, & la joie qu'elle ressentoit de le voir. Ce tendre Amant, remarquant son embarras, l'embrassa avec transport, & lui dit:

Ne vous contraignez pas, chere Sylvie; les perfonnes que vous voyez, ne doivent pas vous être fufpectes. C'eft un tendre Amant, & une aimable compagne que je vous amene pour rendre votre folitude plus agréable, & pour vous aider à fupporter le chagrin que notre féparation vous caufe. Sylvie, revenue de fa premiere furprife, reçut Dona Théodora & le Chevalier avec une politeffe & des manieres obligeantes qui les charmerent. Léonce lui fit enfuite le récit des aventures de la belle Italienne, lui expliqua le motif de fon voyage, le defir qu'elle avoit de paffer fa vie avec elle, & finit par la prier de s'affocier une perfonne fi méritante. Dona Théodora joignit fes prieres à celles de Léonce; mais avec tant de graces, que Sylvie, encore plus charmée de fon efprit qu'elle ne l'avoit été de fa beauté, l'embraffa avec un tendre empreffement, la remercia de la faveur qu'elle lui faifoit d'avoir choifi pour retraite fa maifon, préférablement à toute autre, & l'affura qu'elle contribueroit, en tout ce qui dépendroit d'elle, à lui rendre la vie commode & gracieufe. Les ames vertueufes & bien nées fe fentent mutuellement attirées par un attrait

dont l'effet est aussi rapide qu'il est difficile à définir. Un coup d'œil , une parole suffit pour les décider ; elles se lient,
dès le premier instant , d'une amitié qui
dure jusqu'à la mort. C'est ce que Théodora & Sylvie éprouverent dès cette premiere entrevue. Elles se sentirent l'une
pour l'autre tant d'inclination & de confiance, qu'elles n'hésiterent point à s'ouvrir leurs cœurs , & à se communiquer
sans réserve jusqu'à leurs plus secrettes
pensées. Sylvie fit aussi à ce Chevalier
le plus gracieux accueil. Cette belle personne n'épargnoit rien pour donner à
cette compagnie des marques de la joie
qu'elle ressentoit de la voir chez elle.
Duparc & Tonton lui aidoient à faire
les honneurs de sa maison, qui étoit assez
vaste pour donner à Léonce & à son
ami , chacun un appartement dans une
des aîles , pendant que Théodora &
elle en occupoient deux autres dans l'aîle
opposée. La délicatesse de la bonne
chere, & la finesse du vin étoient préfé-
rées dans cette charmante société à la
profusion. La promenade, la pêche ,
la lecture, un jeu modéré , & mille autres plaisirs innocens , remplissoient tout
leur tems, & ne laissoient aucun vuide

à l'ennui. Sylvie & Léonce ne pouvoient se laffer de fe donner les plus tendres marques d'amour. Leurs ames nageoient dans un torrent de délicieux fentimens. Théodora, de fon côté, fatisfaite, au de-là de fes efpérances, de la réception que Sylvie lui avoit faite, & de la vive ami-tié qu'elle lui témoignoit, n'étant plus obfédée par l'inquiétude qui répandoit une certaine contrainte dans fes actions & dans fes difcours, paroiffoit tous les jours plus charmante, fur-tout aux yeux du Chevalier de Termileck, qui, ne pouvant fe défendre à tant d'appas, leur avoit rendu les armes. Il avoit pour elle des attentions, une affiduité, un empref-fement & un refpect qui ne laifferent au-cun lieu de douter de fes fentimens pour cette belle Italienne. Léonce l'en félici-ta. Le Chevalier ne lui diffimula point qu'il en étoit amoureux jufqu'à la folie ; » Mais, cher ami, lui dit-il, que je fe-» rai malheureux, fi je ne puis vaincre » l'indifférence de cette adorable perfon-» ne » ! Léonce lui fit efperer qu'elle ré-pondroit à fa tendreffe, qu'il avoit même remarqué qu'elle ne le voyoit pas de mauvais œil, & qu'il engageroit Syl-vie à l'appuyer auprès de Théodora.

D

Il y avoit six jours que ces personnes goûtoient un contentement qu'elles n'a-voient jamais éprouvé, lorsque leur gaieté fut encore augmentée par un évènement assez singulier. Une femme, ni jeune ni vieille, ni belle ni laide, ni richement ni pauvrement vétue, mais qui avoit quelque chose de respectable dans toute sa personne, se présenta à la porte de Sylvie, & demanda à parler à la compagnie, en nommant chaque personne dont elle étoit composée. Le Domestique étant venu avertir, on lui ordonna de la faire entrer. Dès qu'elle eut salué toutes les personnes qui étoient dans la Salle, ce qu'elle fit avec beaucoup de graces & de politesse, elle pria Sylvie de faire retirer tous ses gens, parce que les choses qu'elle avoit à dire, ne vouloient point de pareils témoins. Dès qu'ils furent sortis, & qu'on eut fermé la porte en dedans : Vous allez, leur dit-elle, être étonnée de ce que je vais vous apprendre ; mon Génie, qui vous veut du bien, m'envoye vers vous pour vous apporter d'heureuses nouvelles. A ce début, toute la compagnie éclata de rire, la regardant comme une folle ; mais elle ne se démonta point.

Vous vous moquez de moi, continuat-elle, vous me croyez une visionnaire; j'ai pitié de votre erreur & du préjugé où vous êtes, ainsi que la plus grande partie des hommes : parce que certaines choses ne font pas communes, ou qu'elles font au-dessus de la sphere de bien des gens, on s'imagine qu'elles font fausses ; peut-être, aussi, la charlatanerie de certaines personnes, qui, afin de duper ceux qui font assez crédules pour donner dans leurs panneaux, fe vantent d'avoir des connoissances & des vertus qu'elles n'ont pas, augmente-t-elle l'opinion du public. Pour moi, je n'ai pas besoin de ces ruses ; mon Génie me fournit une liqueur qui suffit non-seulement pour ma subsistance, mais encore pour conserver, d'une façon inaltérable, la santé dont je jouis depuis près de trois fiècles. A ce mot de trois fiècles, un second éclat de rire s'éleva dans la compagnie. Un peu de patience , s'il vous plaît , dit cette femme, & je vous forcerai à fortir de votre erreur.

Il y a deux fortes de Génies, les uns bien-faifans, les autres mal-faifans. Les mal-faifans font ceux qui ne s'occupent qu'à ourdir la trame des malheurs des hommes. Ceux dont ils se servent pour exécuter leurs détestables desseins, sont appellés Sorciers Maléficiers, & sont bien dignes des supplices qu'on leur fait subir, quand leurs crimes sont connus. Ce sont ces Génies qui se plaisent, par exemple, à désunir des cœurs que le Ciel a formés l'un pour l'autre, & à traverser le bonheur des fidèles Amans. Ce sont eux, Léonce, qui ont inspiré au Comte de.... votre pere, à s'opposer à votre hymen avec Sylvie, parce qu'ils sçavent que cette union vous rendroit heureux : ce sont eux qui le fortifient sans cesse par leurs instigations dans sa premiere résolution : ce sont eux qui ont envoyé l'affreux serpent qui pensa vous faire périr, vous & Sylvie : ce sont eux qui ont dirigé la balle qui vous blessa en Italie ; qui ont poussé des brigands à vous voler dans les montagnes du Piémont ; qui vous ont mis à deux doigts de la mort dans la prison de Turin, & qui ont poussé la main de votre pere dans votre sein. Mon Génie, qui est de la catégorie des Génies bien-faisans, a empêché que tant d'accidens ne vous ayent causé la mort. Léonce, extrêmement surpris de ce que cette femme avoit une connoissance si exacte des circonstances de sa vie, lui demanda si elle l'avoit vu quelque part, & si quelqu'un lui avoit fait le récit de ses aventures : Non, dit-elle , je ne vous ai jamais vu , ni je n'ai jamais entendu parler de vous ; & , pour vous prouver que ce que je vous dis ne provient pas des informations que j'ai pu faire sur votre compte , je vais vous révéler quelque chose de plus nouveau , & qui n'a pu transpirer : je le ferai d'autant plus volontiers , que je sçais que mon indiscrétion fera plaisir aux intéressés , & leur épargnera bien des formalités que la coutume prescrit aux Amans , sur-tout aux personnes de mon sexe. Le Chevalier de Termilek aime sincerement Dona Théodora ; cet Amant lui plaît , & , si elle étoit sûre de sa constance & de sa sincérité , elle n'hésiteroit plus à se livrer toute entiere à l'amour , qui tâche de s'introduire dans son cœur pour cet aimable Cavalier. Théodora rougit , & se cacha le visage pour ne pas faire connoître son trouble. Sylvie & Léonce la prierent de leur dire naturellement ce qui en étoit , pour sçavoir si on pouvoit ajouter foi aux discours de cette femme. Vous n'avez rien à craindre , lui disoient ils, vous ne ferez entendue que de nous, qui fommes vos véritables amis, pour qui vous ne devez avoir rien de fecret. Le Chevalier la preffoit auffi de ne pas différer à l'inftruire de fon bonheur ; il l'affuroit que cet aveu ne feroit qu'accroître fon amour & fa fidélité. Théodora, qui étoit naturellement franche & fincère, leur avoua que cette femme n'avoit rien dit à fon égard qui ne fût vrai. Termilek en fut fi tranfporté de joye, qu'il fe jetta aux genoux de la belle Italienne, pour lui jurer une fidélité à toute épreuve. La femme, reprenant fon difcours, leur dit: Vous voyez que je n'en impofe pas ; mais les lumières que mon Génie me communique, ne fe bornent pas au paffé ; elles pénetrent jufques dans l'avenir. Avant qu'il foit un mois, l'Oncle de Théodora mourra, & cette mort la mettra en poffeffion du bien de fon pere & de celui de ce tuteur. Avant que, du jour où je vous parle, il y ait une année révolue, Sylvie aura retrouvé fon pere, le Comte de... fa fille, Duparc, fon frere, & vous ferez tous mariés felon les inclinations de votre cœur. Sylvie & Léonce ne fçavoient que penfer du difcours de cette femme ; ils héfitoient à y ajouter foi, quoiqu'ils euffent de fortes preuves dans ce qu'elle avoit dit au fujet du Chevalier & de l'Italienne, qu'elle avoit une fcience extraordinaire. Sylvie, pour s'éclaircir davantage de la vérité, lui dit : Pour que nous puiffions être certains de ce que vous dites, enfeignez-moi le nom de mon pere & le lieu où il eft ; faites con-noître à Léonce ce qu'eft devenue fa fœur, & à Duparc où eft fon frere. Je ne puis, répondit-elle, vous fatisfaire ; je n'ai de lumières qu'autant que mon Génie daigne m'en communiquer. Il m'ordonna de vous apprendre ce que je viens de vous dire ; j'ai rempli ma mif-fion. Je n'ajouterai rien du mien, parce que ce ne feroit que des conjectures frivoles & incertaines. Ne pouvant contenter à ce fujet votre curiofité, je vais vous en dédommager en vous faifant voir quelque chofe qui vous fera plaifir : ce ne fera pas de ces objets effrayans & horribles, que les gens qui fe mêlent de fecrets merveilleux, ont coutume de faire paroître. Non ; mon emploi étant d'être Miniftre d'un Génie bien-faifant, je dois, dans toutes mes fonctions, tendre au plaifir & au contentement des hommes. Elle tira auffi-tôt de deffous fa robe, une petite boëte de cedre, revétue d'or, qui renfermoit un petit miroir, un petit ré- chaud d'argent, avec des poudres, des li- queurs, un fufil & une bougie magiques. Elle alluma fa bougie, mit dans le ré- chaud quelques pincées de ces poudres, fur lefquelles elle verfa plufieurs gouttes de ces liqueurs, qui prenant feu à la flamme de cette bougie, le communique- rent aux poudres ; ce qui répandit dans toute la Salle une fi agréable odeur, que jamais on n'avoit rien refpiré de fi fuave. Après ces libations, elle plaça obliquement le miroir fur fa boëte, fit quelques fignes, & prononça à demi- voix certaines paroles. On vit dans le moment la Salle comme métamorphofée en une vafte plaine, bordée des plus rians côteaux ; des Châteaux fuperbes paroif- foient fur le penchant des collines, avec des avenues d'orangers qui aboutiffoient à une prairie émaillée des fleurs les plus éclatantes, & variées à l'infini. On voyoit dans les lointains de nombreux troupeaux paître dans de gras pâturages, & des troupes de jeunes Bergeres, parées avec la plus élégante fimplicité, danfer avec grace & légéreté au fon des mufettes & des chalumeaux, dont leurs tendres Bergers jouoient avec la plus douce harmonie. Enfin, l'imagination des habiles Peintres, n'a jamais inventé, ni exprimé fur la toile de perfpective fi parfaite. La Magicienne, ayant prononcé de nouveau quelques paroles, ces objets difparurent, & firent place à un amphithéâtre dans le goût de ceux des Romains, mais d'une Architecture inimitable. Une multitude de jeunes hommes faits à peindre, & beaux comme l'Amour, s'y difputoient modeftement le prix du vrai mérite, en préfence de douze vénérables Vieillards qui étoient les Juges de ce combat. Un Héros d'armes tenoit une Couronne d'olivier, de mirthe, de lierre & de laurier d'un or très-fin, & entrelacé avec un travail exquis, qui étoit deftiné au Vainqueur. Les loges étoient remplies d'une infinité de jeunes Demoifelles, qui brilloient moins par la magnificence de leur ajuftement qui étoit fuperbe, que par l'éclat de leur beauté, & l'aimable pudeur qui paroiffoit fur leur front innocent & vertueux : leurs meres les accompagnoient. Les Juges commencerent à examiner ces jeunes concurrens fur leurs fentimens & leurs mœurs, après quoi, ils les interrogerent fur toutes les connoif-

fances qu'un galant homme doit acquérir : enfuite, ils les virent danfer, faire des
armes, chanter , puis les menerent le
long de l'amphithéâtre faluer les Dames, à qui chacun fit un petit compliment poli, galant & refpectueux. Après
cela, les Juges, ayant nommé celui qui
avoit mérité d'être couronné, le Héros
fonna trois fois de la trompette , pour
faire faire filence, & cria à haute voix :
N.... a remporté le prix de Sageffe,
de Nobleffe, de Sentimens, de Science,
d'Arts & de Politeffe. Enfuite, il mit
cette Couronne fur la tête du Vainqueur,
qui l'alla dépofer refpectueufement aux
pieds de celle des Demoifelles qu'il aimoit. Elle reçut cet hommage avec
modeftie, fans néanmoins affecter de cacher la joye qu'elle reffentoit de la gloire
de fon Amant. Les autres Demoifelles
defiroient même honneur, mais fans ja-
loufie. Les Juges vinrent enfuite prendre ce jeune Vainqueur, au fon de mille
inftrumens harmonieux , & le conduifi-
rent à un Autel qui étoit au milieu de
l'arène, fur lequel étoit la Statue de Mi-
nerve, où la mere de la jeune Demoifelle mena auffi fa fille. Un Prêtre ref-
pectable les y unit par l'hymen. Le jeune

D v

Amant, pour ſymbole & pour arrhes
de ſa fidélité, mit ſur la tête de ſa nouvelle Epouſe, la Couronne que ſon mérite lui avoit fait obtenir. La cérémonie
étant finie, tout ce ſpectacle s'évanouit.
La Magicienne remit tout dans ſa boëte
& profita de l'admiration où étoient tous
les ſpectateurs pour s'en aller. Quand
Léonce & ſa compagnie furent revenus
de l'eſpèce d'extaſe où les avoient mis
tant de prodiges, ils raiſonnerent beaucoup ſur tout ce qu'ils avoient vu & entendu. Le Chevalier ſoutenoit qu'il n'y
avoit rien que de naturel dans ce que
cette femme avoit fait paroître ; qu'il
étoit très-commun de voir des Charla-
tans, par le moyen des faſcinations, expoſer aux yeux des objets auſſi merveilleux ; qu'à l'égard de ce qu'elle avoit dit
de la belle Théodora & de lui, qui étoit
ce qui ſembloit le plus extraordinaire,
il lui avoit été facile d'avoir eu à Londres, en Italie ou en France, des éclair-
ciſſemens ſur ce qui concernoit cette charmante Italienne ; qu'il lui avoit été auſſi
aiſé de croire qu'il en étoit amoureux :
car qui pourroit réſiſter à tant de charmes ? qu'elle avoit conjecturé au haſard
que l'aimable Théodora avoit quelque

penchant pour lui. Ce que je trouve de mieux dans cette aventure, ajouta Termilek, en adreſſant la parole à Dona Théodora, c'eſt qu'elle m'a fait connoître que je ſuis mille fois plus heureux que je n'aurois oſé l'eſpérer. Mais, dit Sylvie, ſi la mort de l'Oncle de mon amie arrivoit dans le tems marqué, pourriez-vous vous diſpenſer de convenir qu'il y a là-dedans quelque choſe de ſurnaturel? Point du tout, répondit le Chevalier, je regarderois cette mort comme un effet du haſard, qui confirmeroit fortuitement ce que cette femme a dit par haſard. Nous ſommes tous mortels, nous pouvons mourir aujourd'hui, demain, dans un mois, dans un, dix, vingt ans comme dans trente; & la prétendue Magicienne auroit pu également dire dans deux ans comme dans un mois. Jamais je n'ajouterai foi à toutes ces ſortes de divinations, parce que je ſçais qu'il n'appartient qu'à l'Etre Suprême de pénétrer l'avenir, qui eſt un abîme impénétrable à tout Etre crée; c'eſt un point certain duquel je ne m'écarterai jamais, & je regarderai toujours les évènemens qui ſuivront les prédictions qui ne ſeront point émanées de la Divinité, comme des effets du hasard. La révélation du passé ne fera sur moi pas plus d'impression ; car, quelqu'éloignés que paroissent les faits les uns des autres, il arrive dans le monde des révolutions si bizarres, que, quand je verrois une personne rapprocher ces faits, je croirai toujours qu'elle a été à portée de s'en informer, quelque peu de vraisemblance qu'il y ait qu'elle l'ait pu faire ; non pas qu'il y ait dans les choses passées la même impossibilité de divination que dans les choses futures, puisque les Anges & les Démons, qui sont des intelligences , & qui existent depuis le commencement du Monde, peuvent se rappeller ce qui y est arrivé; mais je ne puis me persuader que ces Etres spirituels communiquent avec les hommes. Au reste , Mesdames, vous ne risquez rien à ajouter foi à la révélation de cette femme ; car elle n'est pas de l'humeur de quantité qui font le même métier qu'elle, qui ne prédisent que des choses tristes & effrayantes. Tout ce qu'elle vous a annoncé est consolant, & je souhaite de tout mon cœur que sa prédiction se vérifie même avant le tems qu'elle a limité. si, dans tout ce qui vient de se passer, il y a quelque chose d'étonnant pour moi, c'eſt le déſintéreſſement avec lequel cette femme exerce ſa pro-feſſion, ce qui ſe trouve rarement dans ces ſortes d'aventurieres; mais il me vient une réflexion : ne ſe ſeroit-elle pas payée elle-même par ſes mains ? La précipita-tion avec laquelle elle a profité de notre admiration pour diſparoître ſans prendre congé de nous, me le fait ſoupçonner. On examina dans la chambre s'il n'y manquoit rien, & chacun fouille dans ſes poches, pour ſçavoir s'il n'avoit point été volé. Il n'y eut que le Chevalier qui paya le ſpectacle. Cette femme lui avoit enlevé ſa montre, ſa tabatiere & ſon étui qui étoit d'or, parce qu'étant plus incré-dule que les autres, il étoit toujours reſté près d'elle pour examiner ſes opérations : elle avoit encore emporté ſon épée & ſa canne qui étoient auſſi en or, & qu'il avoit laiſſés dans un coin de la Salle. On fit, dans le moment, partir pluſieurs Do-meſtiques pour courir après cette femme, & l'arrêter; mais ils ne la trouverent pas. De Termilek prit cette perte en galant homme, & dit qu'il n'avoit pas trop payé l'heureuſe nouvelle qu'elle lui avoit donné occaſion d'apprendre, & qu'il ne voudroit pas, pour dix fois autant, igno-

rer que son amour étoit favorablement
reçu de la charmante Théodora. Pendant plusieurs jours, les conversations
retomboient toujours sur la prétendue
Magicienne, & les Dames se plaisoient
à faire mille plaisanteries sur le Chevalier qui avoit payé si cher son incrédulité.
Il soutenoit toujours la badinerie de
bonne grace ; cependant le tems que
Léonce & son ami avoient feint aller passer à la campagne, étoit écoulé. Ces
deux Amans voyoient avec chagrin qu'il
falloit se séparer de ce qu'ils aimoient,
pour ne pas faire soupçonner aux amis
du Comte, que son fils fût allé voir Sylvie. Termilek, sur-tout, ne pouvoit se
résoudre à quitter si-tôt son aimable Italienne, de qui il recevoit tous les jours
de nouvelles marques d'amour. Il n'a-
voit pas eu assez de tems pour connoître
à fond son ami, & craignoit que l'absence, si fatale aux Amans, n'affoiblît
les sentimens que Théodora paroissoit
avoir pour lui, & que quelque rival,
pendant qu'il seroit à Londres, ne le
supplantât. Il fallut pourtant qu'il se rendît aux raisons de son ami, qui lui fit
entendre qu'en partant promptement,
ils éviteroient les soupçons qu'on pour-

roit former fur leurs démarches, & qu'ils pourroient, de tems en tems, fous le même prétexte d'aller à fa Terre, revenir paffer quelques jours chez Sylvie. Léonce prévint lui-même ces deux aimables perfonnes, de la néceffité où ils étoient de s'éloigner d'elles pour quelque tems. Cette féparation leur fut fenfible; elles y confentirent néanmoins, puifque c'étoit l'unique moyen de fe procurer le plaifir de fe revoir, mais leur départ, qui étoit fixé au lendemain, fut différé de quelques jours, par l'accident qu'on va lire.

L'amour, dans les cœurs vertueux, eft un fentiment noble qui éleve l'ame au-deffus de fa fphere naturelle, & qui porte celui qui en eft animé à des actions héroïques, pour fe rendre plus digne de l'objet aimé; mais dans les cœurs corrompus, ce n'eft qu'un feu groffier & fenfuel, qui ne differe rien de celui dont les animaux font fufceptibles, & qui n'a pour objet que la fatisfaction des fens. Un homme qui en eft brûlé, ne fait aucune difficulté d'employer la violence, & de commettre les plus grands crimes pour affouvir fa brutalité, fans que la nobleffe de fon rang puiffe mettre un frein à fa furieufe cupidité.

Le Baron de B.... étoit un de ces hommes effrénés, qui, quand il s'agit de contenter leurs desirs dissolus, n'en sont détournés ni par les loix de l'honneur, ni par celles de l'humanité. Il étoit d'une grande Maison, & avoit un bien considérable ; ce qui lui donnoit beaucoup d'autorité dans sa Province où il étoit autant haï que redouté. Vingt fois ce Gentilhomme avoit enlevé des filles de bons Bourgeois, & les avoit renvoyées chez leurs parens, après les avoir déshonorées. Sa naissance & ses richesses lui assuroient l'impunité de ses crimes, & l'avoient dérobé aux poursuites que ces Bourgeois, justement irrités, avoient faites contre lui en Justice. Mais le Ciel, lassé de sa scélératesse, permit enfin qu'il en fût puni par une mort tragique. Le bruit des charmes de Sylvie l'avoit attiré chez elle, avec cette foule de soupirans dont j'ai dit qu'elle fut obsédée dans les commencemens de son séjour à sa Terre, qui n'étoit éloignée de celle du Baron de B... que de trois ou quatre lieues. Il fut le plus opiniâtre de tous à continuer ses assiduités auprès de cette belle personne, malgré les efforts qu'elle faisoit pour s'en débarrasser. Elle desiroit avec d'autant plus d'ardeur d'être délivrée de ses importuuités, que les Dames avec lesquelles elle s'étoit liée, l'avoient instruire de son caractère violent & emporté ; mais sa naissance ne lui permettoit pas de lui refuser la porte. D'ailleurs, elle craignoit qu'en offensant un homme si dangereux, il ne se portât contre elle à quelque fâcheuse extrêmité. Elle continua donc à le prier poliment & avec douceur de ne point s'opposer au dessein qui l'avoit conduite à la campagne, qui étoit d'y mener une vie retirée & solitaire. Enfin, ce Baron lui promit de ne la plus importuner par sa présence ; mais il le fit d'un air si mécontent & si courroucé, que Sylvie, qui connoissoit de quoi il étoit capable, appréhenda qu'il n'entreprît de tirer vengeance de son défaut de complaisance pour lui. Elle communiqua sa crainte à Duparc qui prit les plus justes mesures pour le repousser, s'il entreprenoit quelque chose. Il fit armer tous les Domestiques, & eut soin qu'ils ne s'absentassent pas tous à la fois de la maison, & qu'il y en eût toujours un nombre suffisant pour prêter main forte en cas d'accident. Il ne quittoit point Sylvie pendant la journée, &, quand la nuit l'obligeoit à se séparer d'elle, il avoit soin de faire fermer exactement les contrevents de son appartement, dont Tonton fermoit la porte en dedans à doubles verroux. Cette charmante Veuve ne sortoit jamais le soir, pas même dans son Parc. Le Baron, qui fut informé par ses Emissaires des précautions que l'on prenoit contre lui, resta tranquille, & suspendit le dessein qu'il avoit formé d'enlever Sylvie, jusqu'à ce qu'il trouvât l'occasion. Il s'absenta même pour quelque tems de sa Terre, & fit un voyage de quelques mois, pour dissiper entierement les soupçons qu'on avoit pu concevoir de la vengeance qu'il méditoit. Il revint chez lui justement dans le tems que Léonce & le Chevalier de Termilek étoient chez Sylvie. Sa passion l'aveugla au point qu'il négligea de s'informer s'il étoit arrivé quelqu'un chez elle. Comme il l'avoit toujours vu seule, il ne lui vint pas même en pensée qu'elle pût avoir d'autre compagnie que celle de ses gens. Sylvie, dont la tranquillité & l'absence du Baron avoient entierement calmé la crainte, cessoit depuis quelque tems de se contraindre comme elle avoit fait dans les commencemens. Elle n'avoit pas même cru devoir faire part à Léonce de l'inquiétude que lui avoit causé la paſſion de ce Gentilhomme. Cette nouvelle n'auroit pu que l'attriſter; car, quelqu'aſſuré que ſoit un Amant de la fidélité de ſon Amante, il eſt toujours allarmé d'avoir des rivaux, ſur-tout, quand ils ſont d'une humeur auſſi dangereuſe que le Baron de B.... Le ſilence, dans pareilles circonſtances, eſt toujours le plus ſûr, à moins qu'un danger urgent n'exige un prompt ſecours. Sylvie avoit lieu de croire n'en avoir pas beſoin, puiſque le retour de ce Gentilhomme n'avoit point encore tranſpiré. Dès que le Baron fut chez lui, ſon premier ſoin fut d'exécuter ce qu'il avoit projetté, avant qu'on pût être informé de ſon arrivée : ce qui auroit peut-être engagé la charmante Veuve à ſe mettre de nouveau ſur ſes gardes. Il partit accompagné de tous ſes gens qui étoient accoutumés à le ſeconder dans de pareilles expéditions. Il en laiſſa la plus grande partie dans un petit bois qui n'é- toit qu'à un quart de lieue de la Terre de Sylvie, & vint avec deux ſeulement, pour faire la découverte. C'étoit ſur la fin de l'Automne, environ à ſix heures du ſoir. La nuit commençoit à couvrir notre Hémifphere de fes fombres voiles. Dona Théodora, chagrine du prochain départ du Chevalier, fe promenoit feule dans le Parc, pour y donner un libre cours à fes foupirs, pendant que Sylvie, Léonce, de Termilek, & une des Dames du voifinage étoient occupés à un Médiateur. Le Baron l'apperçut à travers la grille du Parc ; il crut que c'étoit Sylvie : elle en avoit la taille & la marche. L'obfcurité l'empêchoit de difcerner la différence des traits. Il fe félicita d'avoir fi bien pris fon tems, & de trouver l'occafion fi favorable à fon projet. Pour ne la point manquer, il réfolut d'en profiter fur le champ, fans aller chercher le refte de fes gens, de peur que fa proie ne lui échappât. D'ailleurs, il crut n'avoir pas befoin de renfort, & qu'il pourroit facilement l'enlever, fans être découvert par les Domeftiques de Sylvie. Il avoit eu la précaution de faire faire depuis longtems une clef de la porte du Parc, au moyen de l'empreinte qu'il avoit prife avec de la cire fur la ferrure. Il y entra donc fans difficulté ; fe gliffa fans bruit avec fes deux Valets derriere une paliffade de charmille, à la faveur de laquelle il parvint, fans être vu, jufqu'au lieu où étoit Dona Théodora. Ils se jetterent tous trois sur elle, & l'entraînerent avec violence, malgré les cris perçans qu'elle poussoit, & les efforts qu'elle faisoit pour s'arracher de leurs mains.

Les cris de cette belle infortunée pénétrerent jusques dans la salle où l'on jouoit. Le Chevalier, qui remarqua que sa chere Amante étoit absente, en fut ému jusqu'au fond de l'ame ; il trembla pour elle ; prit avec précipitation son épée, & vola à son secours. Léonce & Duparc coururent sur ses pas. Ils trouverent ces ravisseurs derriere les murs du Parc, qui la forçoient de monter sur un de leurs chevaux. Elle s'en défendoit vigoureusement, & redoubloit ses cris. Termilek, à cette vue, frémit, & leur cria ; Arrêtez, scélérats ; je vais vous punir de votre lâcheté. Les deux Valets du Baron, voyant ce secours, prirent la fuite. Ce scélérat, enragé d'être abandonné de ses gens, & de manquer sa proie, enfonça un poignard dans le sein de Théodora qu'il prenoit toujours pour Sylvie, en lui disant : » Puisque je ne puis t'avoir » en ma possession, tu ne seras à per- » sonne ». Le Chevalier, au désespoir de voir tomber sa chere Amante, & de

n'avoir pu accourir affez promptement
pour lui fauver la vie, fe jetta avec fureur
fur cet infâme affaffin, & lui paffa fon
épée au travers du corps. Après cette
jufte vengeance, il vint à cette pauvre Italienne qu'il trouva noyée dans fon fang,
& fans fentiment. Il ne s'amufa point à
de vains gémiffemens ; mais, ne penfant
qu'à lui donner du fecours, s'il en étoit
encore tems, il la tranfporta, à l'aide
de Léonce & de Duparc, fur fon lit, &
fit venir fon Valet de Chambre qui étoit
affez habile Chirurgien, pour vifiter &
panfer fa bleffure. Tout le monde étoit
dans la derniere confternation de l'accident arrivé à cette charmante perfonne,
que fa douceur, fon caractère franc &
fincère, & fa beauté faifoient aimer de
tous ceux qui la connoiffoient. Perfonne
n'y étoit plus fenfible que Sylvie & Termilek. La premiere, outre l'étroite amitié qu'elle avoit contractée avec elle,
avoit un autre motif d'en être touchée ;
puifque cette belle Italienne n'auroit pas
éprouvé une fi terrible cataftrophe, fi
on ne l'eût pris pour elle ; car elle ne
doutoit pas qu'un procédé fi horrible
ne partît du Baron de B.... n'y ayant
que lui dans toute la Province, qui fût

capable d'un crime de cette nature. Elle s'affligeoit outre cela, de ce que sa maison, loin de lui fournir un asyle contre les malheurs qu'elle avoit eu lieu de craindre, la précipitoit dans de beaucoup plus grands. Termilek étoit inconsolable d'avoir vu poignarder à ses yeux une Amante qu'il aimoit si tendrement, & de laquelle il étoit sûr d'être aimé ; mais leur douleur fut bien diminuée, quand ils la virent revenue de son évanouissement, & que le Chirurgien les eut assurés que la plaie n'étoit point du tout dangereuse; parce que le fer, ayant trouvé de la résistance sur une côte, avoit glissé sous les chairs, sans offenser aucune partie noble. Après qu'on eût apporté tous les soins au soulagement de Théodora, Léonce envoya ses gens chercher l'assassin; mais ils ne le trouverent plus; ses Valets l'avoient enlevé.

Le lendemain, le Chirurgien leva le premier appareil. La plaie étoit dans le meilleur état qu'on pût desirer, & fit esperer qu'en peu de jours Théodora seroit parfaitement guérie. A peine le Chirurgien eut-il fait son office, qu'on remit à Duparc une lettre qu'un des gens du Baron avoit apportée. Sylvie, Théodora, Léonce & Termilek témoignant de la curiosité de sçavoir ce qu'elle contenoit, il la leur lut. Elle étoit conçue en ces termes :

Je meurs, Monsieur ; le juste Ciel me punit de mes crimes par une mort douloureuse. Puisse-t-elle n'être pas suivie d'un châtiment plus terrible & plus long ! Prêt à paroître devant le tribunal de la Justice divine, j'ouvre les yeux sur mon abominable conduite, & j'en abhorre les affreux égaremens. Hélas ! je n'ose me flatter que mon repentir ne sera point trop tardif ! M'est-il du moins permis d'espérer que vous serez assez généreux pour me pardonner la mort de votre charmante Niece dont je suis coupable ? Si vous accordez cette grace à la sincérité de mes regrets, je mourrai avec moins de remords. C'est moi, je le confesse avec la plus sensible douleur, qui, guidé par un funeste amour, ai tenté hier de l'enlever, & qui, désesperé de me voir arracher ma proie, ai poussé la rage jusqu'à la poignarder. Si j'étois assez heureux pour avoir manqué mon coup, si cette aimable personne a échappé à ma cruauté, je vous conjure, Monsieur, de lui faire connoître combien je me repens du crime que j'ai commis à son égard. Pour la dédommager autant qu'il

est

*eſt en moi, des maux infinis que je lui cau-
ſe : je lui laiſſe par mon teſtament deux
cent mille livres, qui retourneront à votre
profit, pour vous conſoler un peu de ſa
perte, ſi ma main homicide a trop bien ſe-
condé mon barbare deſſein.*

Je ſuis, &c.   Le Baron de B…

La généroſité eſt le propre des grandes ames. Quoique Dona Théodora,
Sylvie, Termilek & Léonce euſſent le
plus juſte ſujet d'abhorrer ce Gentilhomme, & même de ſe réjouir de ſa mort,
cette lettre les toucha ; ils plaignirent
ſon ſort, & firent des vœux pour la conſervation de ſa vie. Les ſentimens, dans
leſquels il étoit, faiſant eſperer qu'il ne
l'employeroit qu'à réparer le paſſé, par
une conduite toute oppoſée à celle qu'il
avoit tenue. Ils conſulterent enſemble
ſur le Legs qu'il faiſoit par ſon teſtament à Sylvie, en cas qu'il vînt à mourir. Cette généreuſe Veuve proteſta
qu'elle n'en vouloit pas profiter ; que,
quoiqu'il fût fait en ſon nom, comme
ce n'étoit pas elle qui avoit été la victime du Baron de B… elle ne pourroit,
ſans injuſtice, ſe l'approprier, & que,
puiſque Théodora avoit eu le malheur
d'être l'objet de ſa cruauté, il étoit juſte

que ce fût elle qui reçût ce dédomma-
gement. Théodora, ne voulant point
céder en générosité à Sylvie, la pria de
la dispenser de profiter de cette donation. » Le Baron, lui dit-elle, ne me
» connoît pas ; il ne peut m'avoir eu en
» vue dans le Legs qu'il vous fait. Ce
» n'est point tant pour réparer le mal
» qu'il vous a fait, que pour vous donner,
» en mourant, une derniere preuve de son
» amour, qu'il vous fait ce don. Si
» je l'acceptois, je vous priverois d'un
» bien qui, selon l'intention du Testateur,
» ne s'adresse qu'à vous. Je me sçais,
» ajoûta-t-elle, bon gré d'avoir essuyé
» seule la fureur de cet Amant, puisque
» le mal que je souffre vous en garan-
» tit ». Sylvie la remercia d'une façon
de penser si obligeante, & lui protesta
que l'amitié qu'elle lui avoit vouée,
étoit si intime & si vive, qu'elle ne pouvoit se consoler de l'état où elle étoit,
que par l'espérance de la voir bien-tôt
entierement rétablie. Quoi que pût dire
Théodora pour se défendre de profiter
de ce Legs, Léonce se joignant à Sylvie pour l'y engager, elle fut obligée
d'y consentir. Duparc écrivit ensuite au
Baron de B... une lettre en réponse de

la sienne, & la donna à un de ses gens, avec ordre de la rapporter, s'il étoit mort. Le Domestique, étant arrivé à la Terre de ce Gentilhomme, apprit qu'il venoit d'expirer dans les sentimens les plus chrétiens. Il revint promptement en avertir son Maître. Duparc, quelques jours après, termina avec l'Exécuteur Testamentaire, l'affaire concernante le Legs fait à Sylvie, &, après en avoir touché le montant, il remit cette somme à Dona Théodora, qui lui en témoigna sa reconnoissance par un présent considérable qu'elle le força d'accepter.

Cette belle malade continuoit à se porter de mieux en mieux. Termilek, Sylvie & Léonce ne la quittoient pas; ils faisoient mettre la table auprès de son lit, & mangeoient dans son appartement. Entre les repas, ils s'amusoient à jouer, lire, ou à d'autres occupations avec elle, pour lui épargner l'ennui de sa solitude. Au bout de huit jours, elle fut en état de se lever. Léonce, qui craignoit toujours qu'une si longue absence ne fût connue du Comte de... son pere, & ne lui attirât de nouveaux chagrins, ainsi qu'à Sylvie, voyant Dona Théodora bien rétablie, preſſa ſon ami de partir. Le Chevalier ne put le lui refuſer, quoi- qu'il en coutât beaucoup de violence à ſon cœur. Ces tendres Amans ſe firent les adieux les plus touchans. Léonce re- commanda à Duparc de prendre toutes les précautions poſſibles pour ſe prému- nir contre de nouveaux accidens, & ils partirent. Il leur fut facile, à leur retour à Londres, d'attribuer la longueur de leur ſéjour à la campagne à une indiſ- poſition. On les crut, & perſonne ne ſe douta de la vérité.

Pendant leur abſence, Sylvie & Dona Théodora ſe lierent encore plus étroite- ment. Pour ne ſe quitter ni jour ni nuit, elles voulurent habiter dans le même appartement. La charmante Veuve com- muniqua ſon goût pour l'étude à ſa chere Italienne. Elles paſſoient enſemble une partie de la journée dans ſa Bibliotheque où elles n'interrompoient leurs lectures, que pour parler de leurs Amans. Dona Théodora ſçavoit parfaitement la Mu- ſique dans laquelle Sylvie excelloit auſſi. Elles concertoient enſemble, &, dans des occupations ſi douces, menoient la vie la plus agréable : tant il eſt vrai que ce n'eſt pas dans les plaiſirs bruyans & tumultueux, qu'on peut goûter une vraie félicité, mais dans les amufemens innocens & dans la paix du cœur.

Quand le Soleil, perçant les épais nuages qui obfcurciffent fa lumière pendant la rigoureufe faifon de l'Hyver, les invitoit à la promenade dans le Parc, elles s'y rendoient avec Duparc qui avoit foin d'y faire venir quelques Domeftiques armés qu'on faifoit refter dans un certain éloignement, afin que leur préfence n'ôtât pas la liberté de la converfation. Dans une de ces promenades, Sylvie, ayant coupé une branche fourchue de coudre, badinoit avec. Quand elle fut arrivée dans un certain endroit du Parc plus touffu & plus fombre, elle fentit cette baguette tourner dans fa main, fans qu'elle y contribuât par aucun mouvement. Elle fut fort étonnée d'un Phénomene fi nouveau pour elle. Dona Théodora, Tonton, Duparc & la Bonne, l'ayant prife fucceffivement, éprouverent le même mouvement. Ils ne fçavoient que penfer d'une chofe qui leur paroiffoit fi extraordinaire. Ils appellerent un des Domeftiques, qui avoit été long-tems foldat, & qui fe vantoit de fçavoir bien des fecrets. Il prit lui-même la baguette,

& la mettant dans ses mains, d'une façon différente de celle dont ces Dames l'avoient tenue, elle tourna avec beaucoup plus de rapidité. Ce Domestique les assura qu'il y avoit certainement dans cet endroit un tréfor caché. La compagnie n'en vouloit rien croire ; mais ce garçon, insistant à dire qu'il étoit sûr de ce qu'il avançoit, pour vérifier ce qui en étoit, on l'envoya chercher des outils propres à fouir la terre. Il n'eut pas creusé à trois pieds de profondeur, qu'il donna un coup de pic sur quelque chose qui résonna. C'étoit une grande caisse garnie de bandes de fer, si pésante, que Duparc & ce Domestique, ne pouvant la tirer hors du trou, ils furent obligés d'appeller les autres Valets, par lesquels Duparc la fit porter dans l'appartement de Sylvie. Dès que les Domestiques furent retirés, Duparc, pour satisfaire à l'empressement que ces Dames témoignoient de sçavoir ce qui rendoit cette caisse si pesante, à l'aide d'un ferrement, fit sauter la serrure. Elle se trouva remplie d'argenterie & de vieilles especes d'or monnoyé. La vaisselle d'argent étoit marquée aux Armes du Marquis de C.... il y en avoit pour plus de vingt cinq mille écus, &,

ſuivant l'évaluation qu'ils purent faire de la vieille monnoye d'or , elle pouvoit monter environ à cent mille écus. Une découverte de cette importance auroit eu de quoi flatter l'avarice de bien des gens ; mais Sylvie , dont les ſentimens , pleins de probité & de déſintéreſſement , ſe ſoutenoient toujours ſans jamais ſe démentir , ne ſe réjouiſſoit de l'avoir faite, que parce qu'elle lui procureroit le plaiſir d'exercer un acte de vertu , en la rendant à ceux à qui elle devoit légitimement appartenir. Son premier deſſein fut donc d'en avertir ceux de qui le Comte avoit acheté la Terre dont elle jouiſſoit. On me l'a vendue , diſoit-elle à Dona Théodora & à Duparc , ſix cent mille livres ; elle en produit trente mille de rente , & je ſuis outre cela paſſablement logée. Dois-je donc m'approprier un bien que les ancêtres des vendeurs y ont caché , & que je n'ai point acheté ? Peut-être qu'ils ne ſe ſont défaits de leur Terre , que parce que la néceſſité de leurs affaires les y a contraints , & que, s'ils euſſent fait cette découverte , ils ne l'auroient pas vendue. Elle étoit donc prête à leur écrire de ſe rendre chez elle; mais , réfléchiſſant que les Armes qui

E iv

étoient fur la vaiffelle, étoient du Marquis de C... au lieu qu'elle avoit acheté fa Terre d'un Cadet de la Maifon de R... elle crut, avant de rien faire tranfpirer, devoir s'informer de qui ce Cadet avoit eu cette Terre. Il ne lui fut pas difficile d'en être inftruite fans fortir du Village dont elle étoit Dame, puifqu'il n'y avoit pas plus de foixante ans que l'ayeul du Marquis de C.... l'avoit vendue au pere de ce Cadet ; ce que plufieurs habitans du lieu, qui en avoient été témoins, lui certifierent. Après ces informations, elle n'héfita plus à conclure que cette çaiffe appartenoit de droit à ce Marquis. Elle chargea Duparc d'une lettre polie par laquelle elle informoit ce Seigneur de ce qu'elle avoit découvert, & le prioit de lui faire l'honneur de fe rendre chez elle, afin qu'elle lui remît un bien qui lui appartenoit légitimement. Elle recommanda à Duparc de lui faire de vive voix fes excufes de ce qu'elle n'alloit pas elle-même rendre fes devoirs à un Seigneur de fa condition, fon état de Veuve & fa jeuneffe ne lui permettant pas de fe hafarder à un voyage qui, quoique court, pourroit l'expofer à des dangers qu'elle devoit éviter. Le Marquis

de C.... reſtoit, depuis quelques années, à ſa Terre qui n'étoit éloignée de
celle de Sylvie que de ſix lieues; mais
il y menoit une vie ſi retirée, & voyoit
ſi peu de monde, qu'à peine avoit-il été
informé de la réſidence de cette belle
Veuve dans ces Cantons. Il étoit toujours
abſorbé dans la plus profonde mélancolie. On ſçavoit en général qu'il avoit eu
des malheurs; mais, comme juſqu'à préſent il n'en avoit point confié le détail,
perſonne ne ſçavoit les circonſtances de
ſa vie infortunée. Il reçut Duparc avec
beaucoup de politeſſe; il le retint chez
lui juſqu'au lendemain, & ils partirent
enſemble pour ſe rendre chez Sylvie.
Il n'eut pas plutôt vu cette aimable Veuve, qu'il en fut enchanté. Son ame, qui
juſqu'alors avoit été noyée dans une mer
d'amertume, s'ouvrit à la joye. Un ſentiment doux & délicieux ſe fit ſentir à
ſon cœur; il la regardoit avec une ſurpriſe mêlée d'admiration. Il ne ſçavoit
à quoi attribuer une révolution ſi ſubite.
Quoi! ſe diſoit-il à lui-même, après
avoir eſſuyé tant de malheurs, après
avoir été pendant tant d'années en bute à
la cruauté du ſort, l'amour voudroit-il
encore me préparer de nouveaux tour-

mens ! Mais , non ; ce que j'éprouve n'a point la violence & l'agitation des mouvemens que cette paffion produit dans l'ame. Sylvie, de fon côté, à la vue du Marquis, fut pénétrée d'un tendre ref- pect dont elle ne pouvoit démêler la caufe. Ils fe regardoient l'un & l'autre, fans pouvoir prefque proférer une feule parole. » Le Marquis enfin , rompant le » filence : » Permettez-moi, Madame, » lui dit-il , de vous exprimer combien » je fuis touché de votre généreux défin- » téreffement. Je viens, moins pour en » recueillir le fruit , que pour vous prier » de me faire la grace de conferver vo- » tre découverte ; car perfonne n'eft plus » digne des biens de la fortune , que » ceux qui , comme vous, Madame, fça- » vent les méprifer , & pouffer la délica- » teffe, en fait de probité, jufqu'où vous » la pouffez ». Sylvie le remercia d'un compliment fi obligeant, & le pria de la difpenfer d'accepter fon offre ; mais le Marquis lui repréfenta qu'étant fans enfans, & ayant d'ailleurs un bien confi- dérable qui retourneroit à des Héritiers qui étoient tous riches, il fe feroit un reproche, s'il la privoit d'un bien dont le Ciel avoit voulu récompenfer fa vertu.

Il y eut de part & d'autre un débat de politeſſe ; mais le Marquis fut ſi preſſant, que Sylvie fut obligée de conſentir à garder l'or. Ce ne fut même qu'à condition qu'elle auroit cette complaiſance, qu'il ſe détermina à emporter l'argenterie. Avant de ſe ſéparer d'elle, il la pria de lui permettre de venir de tems en tems lui rendre ſes devoirs. Cette aimable Veuve, qui ſe ſentoit dans le fond du cœur une forte inclination & un tendre penchant pour le Marquis, y conſentit d'autant plus volontiers, que ce Seigneur étoit dans l'âge auquel les paſſions ſont modérées, & qu'elle pouvoit le recevoir chez elle, ſans que la bienſéance en fût bleſſée. Le Marquis, de retour chez lui, examina ce qui ſe paſſoit dans ſon ame. D'où provient, diſoit-il, cette agréable ſenſation qui ne produit en moi ni trouble ni émotion ? Quelle cauſe inconnue me retenoit auprès de Sylvie ? Pourquoi, en ſa préſence, oubliois-je toutes mes infortunes, & n'ai-je repris ce ſentiment, qu'au moment que j'ai été obligé de la quitter ; ce que je n'ai pu faire ſans quelque chagrin ? D'où vient enfin l'attrait qui m'entraîne vers elle, & me fait deſirer d'y retourner prompte-

E vj

ment, & d'y paſſer dans une douce tranquillité le reſte de mes jours ? Il ne différa pas beaucoup à ſe procurer le plaiſir de la revoir. Sylvie qui, de ſon côté, étoit ſans ceſſe occupée du Marquis & de la tendre impreſſion qu'il avoit faite ſur ſon cœur, le vit revenir avec une véritable ſatisfaction. En peu de tems, ce Seigneur fit cinq ou ſix voyages chez cette charmante Veuve. Ils découvrirent réciproquement l'un chez l'autre tant de qualités eſtimables, que cette connoiſſance fortifiant l'inclination mutuelle qu'ils avoient conçue dès la premiere entrevue, il ſe forma entr'eux une liaiſon intime. Le Marquis chériſſoit Sylvie comme ſi elle eût été ſa propre fille. Cette aimable Dame avoit pour lui la confiance, la tendreſſe & le reſpect qu'on doit à un pere. Elle lui ouvrit ſon ame, lui fit part de ſes chagrins, de ſes plaiſirs ; elle lui confia ſes ſentimens pour Léonce ; enfin, elle ne lui cacha rien de ce qui la regardoit, pas même l'incertitude de ſa naiſſance. Cette confidence augmenta l'attachement du Marquis pour Sylvie. Il réſolut même de lui laiſſer, par ſon teſtament, tout ſon bien. » Puiſque le Ciel m'a enlevé mes » chers enfans, lui diſoit-il, & qu'il

» vous a refufé l'avantage de connoître
» de qui vous avez reçu la vie, je veux
» vous tenir lieu de pere, & faire pour
» vous ce que la perte de ma fille, &
» la mort de mon fils m'empêchent de
» faire pour eux. Hélas! continuoit-il,
» en pouffant un profond foupir, fi ma
» fille n'étoit pas morte, elle feroit à-
» peu-près de votre âge, & ne feroit pas
» indigne de votre amitié, fi elle tenoit
» de fa mere qui vous reffembloit beau-
» coup. Pour mon fils, il feroit à pré-
» fent en état de me donner la fatisfac-
» tion de revivre dans des petits-fils; car
» il toucheroit à fa vingt-quatriéme an-
» née, fi la mort ne l'eût enlevé à mes
» yeux, de la maniere la plus cruelle &
» la plus défefpérante pour un pere ».
Sylvie fe fentoit extrêmement touchée
des marques de tendreffe que le Marquis
lui donnoit; elle prenoit toute la part
poffible à fes chagrins. Elle auroit bien
voulu l'engager à lui faire le récit de
fes malheurs; mais elle craignoit qu'un
fi trifte fouvenir ne redoublât fes douleurs. Uu jour, cependant, qu'elle le vit
dans une fituation d'efprit plus tranquille,
elle fe hafarda à l'en prier. Je n'aurois pas
tant tardé, belle Sylvie, lui dit-il, à
vous prouver, en vous racontant l'hiftoire

de ma vie, que je ſuis le plus malheureux de tous les hommes, ſi je n'avois pas appréhendé qu'une ſi triſte narration n'apportât quelqu'altération à la tranquillité dont vous jouiſſez. Je vous avoue même que c'eût été pour moi une grande conſolation d'épancher mes peines dans une ame comme la vôtre. Mais, puiſque vous le deſirez, je vais vous ſatisfaire, & goûter le plaiſir qu'un infortuné prend à confier ſes douleurs à une ame qui y prend part.

Le Marquis de C.... qui avoit ſervi long-tems ſur mer, où il avoit été Chef d'Eſcadre, étoit déja ſur l'âge, quand il épouſa Mademoiſelle de N.... Je ſuis le ſeul & malheureux fruit de ce mariage, qui avoit été formé plus par intérêt que par inclination. Ma mere mourut trois ans après ma naiſſance. On m'appelloit le Chevalier de N.... Mon pere m'aimoit beaucoup ; il n'épargna rien pour me donner une éducation qui répondît à ſa naiſſance & à ſon bien. Il me fit étudier & faire mon académie à Paris, après quoi, il m'amena à ſa Terre, où il ſe propoſoit de couler tranquillement le reſte de ſes jours. J'avois environ dix-ſept ans ; je m'ennuyai bien-tôt d'une vie si unie ; je le priai de me mettre au service sur mer ou sur terre. Sa tendresse pour moi fut allarmée de cette proposition ; j'étois le seul qui pût soutenir & perpétuer son nom & sa maison, tous ses parens étant du côté des femmes. Il ne voulut donc pas consentir à me laisser prendre un parti si périlleux ; tout ce que je pus obtenir de lui, fut de voyager. Il me mit en état de faire une dépense proportionnée à sa naissance & à son bien. Je partis avec un nombre suffisant de Domestiques, parmi lesquels étoit un garçon qui m'étoit très-attaché, & en qui j'avois remarqué des sentimens & une éducation au-dessus de son état, quoiqu'il n'ait jamais voulu me confier ce qu'il étoit véritablement. Je ne vous dénombrerai pas, Madame, toutes les Villes que j'ai parcourues. Comme il ne m'y est rien arrivé de considérable, ce détail n'auroit rien d'intéressant pour vous. Je vous dirai simplement que je commençai par visiter l'Angleterre, où je restai environ six mois : de-là, je m'embarquai pour Lisbonne, d'où, après avoir vu tout ce qui étoit digne de curiosité en Portugal, je passai en Espagne, dont je parcourus successivement toutes les Provinces qui étoient autrefois autant de Royaumes. Je profitai ensuite d'un Vaisseau prêt à partir de Cadix pour Venise, & je me rendis dans cette Capitale de la plus ancienne des Républiques qui subsistent actuellement. Je voyageai avec plaisir dans toute l'Italie; mais rien ne m'en a tant causé que la vue de Rome, où j'ai remarqué une infinité de précieux monumens de la grandeur de l'ancienne Capitale de l'Univers. De l'Italie, je vins en Allemagne, traversant la Savoye & une partie des Cantons Suisses. Je séjournai dans les Cours des Electeurs & des Princes de l'Empire, autant de tems qu'il m'en fallut pour connoître la diversité des mœurs & des coutumes de ces différentes Principautés. Puis, après avoir vu l'Autriche & la Boheme, je revins chez mon pere environ quatre ans après l'avoir quitté.

Tant que j'avois été dissipé par la variété des objets qui se présentoient tous les jours à mes yeux pendant le cours de mes voyages, ma passion pour les armes sembloit être entierement éteinte; mais je n'eus pas plutôt mené pendant quelques jours à la Terre du Marquis, un genre de vie tranquille & uni, que mes premiers defirs fe rallumerent avec tant d'ardeur, que je priai encore mon pere de me faire entrer au fervice. Il fut fourd à toutes les inftances que je lui en fis.

Je veux, mon fils, te marier bien-tôt, me dit-il, & me procurer, avant de mourir, la confolation de te voir pere d'une poftérité héritiere de mon bien & de mon nom. Je fus donc obligé de ref-ter malgré moi dans une vie oifive, & qui me paroiffoit indigne de ma naiffance; car mon pere, qui avoit le cœur bon, étoit d'un caractère dur & inflexible, comme le font prefque tous les Marins; & je fçavois que, quand il avoit réfolu une chofe, rien au monde n'étoit capable de lui faire changer de fentiment. Ne pouvant fuivre mon penchant pour les armes, je m'adonnai tout entier à la chaffe, cet exercice ayant quelque chofe de conforme à mon inclination. Je ne manquois pas de compagnie dans cette occupation : la plûpart des Gentilshom-mes, dans leurs Terres, n'ont pas d'autre plaifir que celui de chaffer. Plufieurs, même, mal partagés des biens de la for-tune, ne vivent prefque que de leur fufil. Il y avoit aux environs de la Terre de mon pere, plufieurs de ces Nobles fainéans, qui, remarquant l'ardeur que j'avois pour cet exercice, se faisoient un devoir de m'y seconder par considération pour le Marquis mon pere, qui étoit tous les jours à portée de les obliger essentiellement. Je me liai avec plusieurs d'entr'eux en qui je remarquai des sentimens soutenus par une éducation assez distinguée. Celui auquel je m'attachai le plus, fut le Chevalier de la Ville; son pere s'étoit ruiné au service, & ne lui avoit laissé pour héritage qu'un bien d'un très-modique revenu qu'il faisoit valoir. Il avoit été marié dans sa jeunesse; la mort lui avoit enlevé, quelques années après son mariage, son épouse, de laquelle il n'avoit eu qu'une fille qui avoit alors quinze à seize ans. La premiere fois que je vis Diane, (c'étoit le nom de cette Demoiselle), je lui trouvai tant de graces & de modestie, que je ne pus me défendre de l'aimer, malgré les efforts que je fis pour repousser les traits que l'Amour avoit décochés dans mon cœur, par les yeux de cette aimable personne. La connoissance que j'avois du caractère de mon pere ne me permettoit pas d'espérer qu'il consentît jamais à mon union avec Diane, qui, avec beau-

coup de mérite , avoit très-peu de bien.
J'envifageai dès-lors une partie des maux
que cette paffion m'attireroit , & je fis ,
pour m'en délivrer , tout ce qui fut en
mon pouvoir. Pour y mieux réuffir , j'é-
vitai , avec le plus grand foin , la vue d'un
objet fi charmant. Je me flattois que les
fecours de la raifon & l'abfence pourroient étouffer cet amour naiffant ; mais
inutile efpoir ! Plus je luttois contre cette paffion , plus elle fe fortifioit dans
mon cœur. L'image de Diane me fui-
voit par-tout , & je traînois en tous lieux
le trait dont fes charmes m'avoient percé.
Je fis , pendant plus de trois mois , de
vains efforts pour effacer de mon ame
l'impreffion que cette adorable Demoifelle y avoit faite ; mais , voyant que c'é-
toit fans fuccès , & défefpérant d'y parvenir , je m'abandonnai à mon étoile , &
je courus revoir ma charmante Diane.
Je la trouvai mille fois plus belle que la
premiere fois , & cette feconde vifite
me rendit le plus paffionné de tous les
hommes. Je me liai plus étroitement avec
le Chevalier de la Ville , afin que cette
amitié me fournît les moyens de voir
plus fréquemment fa fille. Je réfolus de
ne plus différer à lui faire l'aveu des fen-

timens qu'elle m'avoit infpirés. Il ne fut pas difficile de trouver l'occafion favorable à mon deffein, fon pere étant obligé d'aller fouvent vifiter fon bien, afin d'animer au travail, par fa préfence, les gens qui le cultivoient. Diane reçut ma déclaration fans colere ; fa réponfe, fans me donner lieu d'efperer, n'eut rien d'affligeant. Je continuai mes foins & mes affiduités auprès d'elle. Je m'apperçus bientôt, à la douce langueur de fes regards, que je ne lui étois pas indifférent. Je redoublai mes attentions, je la preffai avec tant d'inftances, qu'elle m'avoua enfin que j'étois aimé. Notre tendre commerce ne put être fi fecret, que le pere de Diane ne s'en apperçût ; mais, foit que fon amitié pour moi le rendît indulgent, foit que l'âge de mon pere lui fît efperer que fa mort me pourroit laiffer bientôt libre d'époufer fa fille, ce qu'il regardoit comme un très - grand avantage pour elle du côté de la fortune, il ne défapprouva pas les foins que je lui rendois. Toute la précaution qu'il prit, fut de lui recommander fortement de ne point fe laiffer féduire par les promeffes que je pourrois lui faire, & de refter conftamment attachée à fon devoir.

Il lui fit même entendre que c'étoit l'unique moyen de me rendre conſtant, & de m'engager à l'épouſer ; puiſque, ſi elle avoit la foibleſſe de ſe rendre à mes deſirs, je ceſſerois auſſi-tôt de l'eſtimer, & que, par une ſuite néceſſaire, je l'abandonnerois. Je paſſois donc auprès d'elle la plus grande partie du tems, enivré du doux plaiſir d'aimer une ſi charmante perſonne, & d'en être aimé ; mais un bonheur ſi paiſible ne dura pas long-tems. L'aſtre malin, qui avoit préſidé à ma naiſſance, commença à me faire ſentir ſa funeſte influence, & à ourdir la trame de cet enchaînement de malheurs dont j'ai toujours été depuis la victime. Il eſt difficile d'aimer, & d'aimer avec la plus vive paſſion, ſans que des yeux intéreſſés ne le remarquent. L'amour eſt un feu ardent & enflammé, qui ne peut être long-tems caché. Mon pere ne tarda pas à découvrir celui dont je brûlois pour cette Belle. Il me prit en particulier, &, après m'avoir dit qu'il penſoit à me faire épouſer une Demoiſelle dont les richeſſes & la naiſſance ne cédoient en rien à ſa Maiſon & au bien qu'il me laiſſeroit, il me défendit abſolument de voir davantage Diane qui m'é-

toit si inférieure de toutes façons, &
m'ordonna de me guérir de la folle passion que j'avois conçue pour elle. Je me
retirai, en l'assurant que je ferois tout ce
qui dépendroit de moi pour le satisfaire.
Il fit ensuite dire au Chevalier de la
Ville de venir lui parler. Il le pria de
ne plus souffrir que je misse les pieds
chez lui. Il lui fit sentir que, n'y ayant
point d'apparence que j'épousasse jamais
Diane, l'honneur de sa fille devoit l'engager à m'interdire sa maison ; qu'il avoit
des vues sur mon établissement ; qu'il es-
peroit de sa complaisance qu'il les secon-
deroit, en défendant à sa fille de me voir,
& que, pour l'y engager plus fortement,
il pouvoit l'assurer que jamais il ne con-
sentiroit à mon union avec elle. Le Chevalier, obligé par reconnoissance & par
d'autres motifs, à déférer aux volontés
de mon pere, lui promit de ne rien négliger pour lui plaire, & qu'il se servi-
roit de l'autorité qu'il avoit sur sa fille,
afin de la forcer à rompre tout commerce
avec moi. Le Marquis, content de le
voir si bien entrer dans ses vues, l'en remercia, & lui dit qu'il reconnoîtroit sa
complaisance, en le mettant en état de
donner à sa fille une dot plus considérable

que l'état de ſes affaires actuelles ne le lui permettoit. Le Chevalier, ſoit qu'il craignît le reſſentiment de mon pere, ſoit qu'il fût engagé par la promeſſe qu'il lui avoit faite de l'en bien récompenſer, dès le ſoir même, me dit qu'il étoit bien mortifié d'être forcé à me prier de renoncer à ſa fille, & de ne plus lui faire l'honneur d'aller chez lui; que, tant qu'il avoit pu ſe flatter que le Marquis ne déſapprouveroit pas cette inclination, il y avoit donné les mains; mais que, mon pere lui ayant juré qu'il ne conſentiroit jamais que jépouſaſſe ſa fille, le ſoin qu'il devoit apporter à la conſervation de ſon honneur, l'obligeoit à couper court à un amour qui ne pouvoit plus qu'être funeſte à l'un & à l'autre. Un coup de foudre m'auroit moins étourdi qu'un pareil diſcours. Celui de mon pere ne m'avoit pas tant ſaiſi, parce que l'amitié du Chevalier, ſur laquelle je faiſois fond, me laiſſoit l'eſpérance de voir en ſecret ma chere Diane, & de fomenter ſon amour juſqu'à la mort de mon pere. Mais, me voyant trahi par l'endroit d'où je croyois tirer ma conſolation, je fus ſi interdit, que je ne pus lui répondre un ſeul mot. Il profita de mon trouble pour me quit-

ter, & aller porter à sa fille ces affligeantes nouvelles. Il lui défendit avec
menaces de me jamais parler. Je tentai,
pendant plusieurs jours, de toucher le
Chevalier, en lui laissant voir toute ma
douleur, & en lui disant tout ce que je
crus capable de l'attendrir; mais il resta
toujours inflexible. Voyant qu'il n'y avoit
rien à faire de ce côté-là, j'entrepris de
gagner la servante de Diane, qui cou-
choit dans sa chambre, & qui ne la quittoit jamais. Quelques présens assez considérables que je fis à cette fille, la mirent
dans mes intérêts. Elle se chargea de mes
lettres pour Diane, & me rapportoit ses
réponses. Qu'elles étoient tendres! Cent
fois je priai cette charmante personne de
me permettre de m'introduire chez elle
à la faveur de la nuit; mais elle s'en ex-
cusoit toujours sur le soin qu'elle devoit
avoir de sa réputation, & sur la crainte
du ressentiment de son pere, s'il venoit à
en être instruit. Voyant que ce qui la retenoit le plus, étoit le soin de son honneur, je résolus de le mettre à couvert
en l'épousant. Je lui en fis la proposition:
elle ne s'en éloigna pas; elle m'écrivit
même, un jour que je l'avois pressée plus
qu'à l'ordinaire, dans une de mes lettres,

de

de confentir à mon bonheur, qu'elle étoit difpofée à faire ce que j'exigeois d'elle, pourvu que je priffe des mefures affez sûres pour rendre notre mariage valide. Je l'affurai que je pouvois le rendre indiffoluble ; je proteftai enfuite qu'outre les formalités dont je fçaurois le revétir, la conftance & la fidélité que je lui jurois, devoient diffiper toutes fes craintes. Elle fe rendit , & nous convînmes de profiter de la premiere occafion pour former cet hymen, après lequel nous afpirions l'un & l'autre avec une égale ardeur; mais, jufqu'à ce jour , il ne me fut pas poffible d'obtenir d'etre introduit chez elle. Je mis donc tout en ufage pour gagner un Notaire à qui je fis dreffer un contrat tout prêt à figner. Avec de l'argent on vient à bout de tout. Le Chapelain du Château de mon pere me promit de nous marier ; & quelques-uns des Vaffaux de fa Terre, qui, à caufe du grand âge du Marquis, me regardoient déja comme leur Seigneur, s'offrirent pour témoins, & fignerent le contrat. Tout étant ainfi difpofé, je n'attendois plus que le moment d'exécuter mon projet, lorfque mon pere, qui me croyoit entierement guéri de ma paffion pour

Diane, s'abfenta pour quelques jours, pour aller voir quelques-uns de fes anciens amis. Je profitai de fon abfence, & j'époufai ma chere Amante, dans la Chapelle du Château, fi fecrettement, que perfonne n'en a jamais été inftruit. Je fus enfuite introduit dans fa chambre par la fervante que je m'étois de plus en plus attachée par de petits préfens. Toutes les nuits, j'allois paffer avec elle de doux momens. La jouiffance, qui eft trop communément le tombeau de l'amour, ne faifoit que m'enflammer de plus en plus pour la belle Diane. Les craintes & les inquiétudes que nous éprouvions, les précautions que nous étions obligés de prendre pour dérober notre commerce à la connoiffance du Public, enfin l'air de myftère qui regnoit dans nos plaifirs, y donnoient une vivacité qui nous les rendoit plus piquans, que fi nous euffions été libres de nous y livrer fans contrainte. Je me conduifois avec tant de ménagement, je paroiffois extérieurement fi bien revenu de l'amour que j'avois eu pour Diane, que mon pere me cryoit de bonne foi parfaitement indifférent à fon égard. Ma chere époufe, de fon côté, avoit eu l'adreffe de perfuader à fon pere qu'elle m'avoit entièrement oublié : par ce moyen, nous goûtions le plus parfait bonheur, fans qu'on formât le moindre foupçon de notre intelligence ; mais notre félicité étoit trop grande, pour durer long-tems. C'eft le propre de l'homme de n'être point conftamment heureux ; il n'eft même jamais plus près de fon malheur, que lorfqu'il paroît être au comble de fes vœux. Au bout de quelques mois, la groffeffe de Diane vint troubler le paifible bonheur dont nous jouiffions. Cet évènement, auquel nous devions pourtant nous attendre, nous embarraffa beaucoup. Cependant ma chere époufe étant bientôt parvenue à un tel état, qu'elle ne pouvoit pas efperer de cacher encore long-tems fa groffeffe, il fallut chercher de prompts moyens de la fouftraire au reffentiment de fon pere. Elle avoit une Tante chez laquelle elle alloit tous les ans paffer quelques femaines pendant la belle faifon. Cette Dame demeuroit à une vingtaine de lieues. Je dis à Diane de demander dans quelques jours au Chevalier de la Ville la permiffion de l'aller voir ; que j'efperois qu'il y confentiroit d'autant plus volontiers, qu'il croiroit que ce voyage la fortifieroit dans l'indifférence qu'elle feignoit pour moi ; que j'allois faire partir mon Valet pour aller lui louer & lui faire meubler un appartement dans la Capitale de la Province, où elle paroîtroit fous le nom d'une Dame Angloife ; qu'elle pafferoit d'autant plus aifément pour une étrangere, qu'elle parloit affez bien l'Anglois ; que, quand tout feroit préparé, & qu'elle auroit obtenu de fon pere la permiffion d'aller chez fa Tante, ce même Domeftique l'attendroit dans un lieu que je lui indiquai, avec une chaife de pofte dans laquelle il la conduiroit avec fa fervante dans l'appartement qui lui auroit été préparé ; qu'elle ne devoit point héfiter à fe fier à ce garçon, de la fidélité duquel j'étois sûr, & en qui j'avois remarqué des fentimens & une certaine éducation au-deffus de fon état ; que je ne l'accompagnerois pas, pour éloigner le foupçon qu'on auroit pu former que j'aurois trempé dans fon évafion, lorfqu'on découvriroit qu'elle ne feroit point chez fa Tante ; mais que je me rendrois auprès d'elle, auffi-tôt que je pourrois le faire avec sûreté pour elle & pour moi. Diane accepta la propofition que je lui fis, comptant ſur ma fidélité ; & je donnai dès le jour même à S. Sévere, mon Va-let, les inſtructions néceſſaires pour exé-cuter mon projet. Il revint au bout de huit jours, & je fus fort ſatisfait des ar-rangemens qu'il avoit pris. Ma chere épouſe pria ſon pere de lui permettre d'aller voir ſa Tante : il y conſentit vo-lontiers. Elle partit avec ſa ſervante, & S. Sévere les conduiſit à L . . . . . où elles arriverent heureuſement.

Cependant mon pere, content de la ſoumiſſion qu'il croyoit que j'avois eue à ſes volontés, me faiſoit mille careſſes ; &, afin de me dédommager de la vio-lence qu'il penſoit que je m'étois faite pour étouffer mon amour, il m'invitoit à tous les plaiſirs convenables à mon âge, & me fourniſſoit, avec prodigalité, l'argent dont j'avois beſoin. Quelquefois il me preſſentoit ſur le mariage qu'il avoit projetté ; mais, remarquant par mes réponſes que je ne me ſentois point de goût pour cet engagement, il ne me contraignoit point, pour ne pas donner à mon cœur, coup ſur coup, deux aſſauts ſi violens. Il eſpéroit que le tems m'a-meneroit au point où il me deſiroit. Je lui fis entendre qu'une vie ſi unie commençoit à m'ennuyer, & que je le priois de me permettre de faire quelques voyages dans les Villes les plus confidérables du Royaume. Non-feulement il y confentit, mais il me mit en état d'y faire une figure brillante. Je feignis donc d'aller paffer quinze jours, tantôt à Paris, tantôt dans une autre Ville. Je me rendois pendant ce tems à L.... auprès de ma chere époufe, qui me recevoit avec tant d'amour & de fatisfaction, que je ne me féparois jamais d'elle fans verfer des larmes. Je ménageois tout l'argent que mon pere me donnoit, pour la mettre dans une fituation aifée & même opulente. J'avois mis auprès d'elle un nombre fuffifant de Domeftiques, & elle ne manquoit d'aucune des commodités qui rendent la vie agréable. La groffeffe de Diane avançoit beaucoup; je l'avois priée de me faire avertir, par un exprès, quand elle fe fentiroit prête à faire fes couches. Pendant le tems qui lui reftoit jufqu'à ce moment, comme elle fortoit peu, elle s'amufoit à faire elle-même des linges & toutes les petites hardes néceffaires à l'enfant dont elle devoit bientôt accoucher.

Le tems que Diane avoit coutume de

reſter chez ſa Tante étant écoulé, le Chevalier de la Ville, ne voyant point revenir ſa fille, écrivit à cette Dame de la lui renvoyer. Elle fut dans le dernier étonnement en recevant cette lettre ; elle lui fit ſur le champ réponſe qu'elle n'avoit point vu ſa Niece. Ce pere, qui aimoit véritablement ſa fille, fut extraordinairement affligé de cette nouvelle. Il fit faire par-tout des informations qui furent inutiles. Enfin, n'en entendant point parler, il fut abſorbé par une mélancolie ſi profonde, que rien ne pouvoit apporter d'adouciſſement à la vive douleur que lui cauſoit l'incertitude du ſort de ſa chere Diane.

Le tems des couches de mon épouſe étant prêt à arriver, elle me fit prier de me rendre chez elle. J'y volai ; je la trouvai dans les douleurs de l'enfantement. Le plaiſir, que ma préſence lui cauſa, ſoulagea un peu la violence du mal qu'elle ſouffroit, & ne contribua pas peu à ſa délivrance : elle accoucha d'une fille. Ce fidéle Valet m'avoit dit qu'il avoit une belle-ſœur qui étoit accouchée depuis peu, & dont l'enfant étoit mort ; que, ſi je le deſirois, il lui porteroit l'enfant que Diane devoit mettre au monde.

Il m'avoit affuré qu'elle en auroit bien foin. Enfin, je lui avois promis de la prendre pour nourrice. Je lui confiai donc l'enfant avec le paquet de hardes que mon époufe avoit préparé. Je lui remis cent louis pour donner à fa fœur, afin que ce préfent l'engageât à apporter toutes les attentions poffibles à la confervation de la fanté d'une fille qui m'étoit fi chere.

J'eus la fatisfaction de voir ma chere Diane fe porter, pendant les premiers jours de fes couches, autant bien qu'on pouvoit le defirer; je payai bien cher cette courte fatisfaction. Le cinquieme jour, la fievre la tourmenta, mais avec tant de force, que l'empreffement avec lequel je tâchois de la fecourir, fans la quitter ni jour ni nuit, ne put l'empêcher de rendre entre mes bras les derniers foupirs, le dixieme jour de fes couches. Ses dernieres paroles furent des témoignages du plus tendre amour, & des prieres d'avoir bien foin du malheureux fruit de notre tendreffe. Il m'eft impoffible, belle Sylvie, de vous exprimer de quel défefpoir cette mort m'accabla. Je ne fçaurois y penfer fans fentir renouveller mes douleurs. Pardonnez-moi donc les

larmes que je ne puis refuser à la mé‑
moire d'une si chere épouse. Le Mar‑
quis s'arrêta un moment pour donner un
libre cours à ses pleurs. La charmante
Veuve ne put retenir les siennes ; elle se
sentoit émue d'une façon si extraordinaire,
à ce récit, que, quand ces malheureux
évenemens l'auroient regardée elle‑mê‑
me, elle n'auroit pu y être plus sensible.
Le Marquis, ayant essuyé ses larmes,
continua ainsi sa narration.

Je me jettai sur le corps de ma chere
épouse ; j'arrosai son visage de mes lar‑
mes, & je tâchai, par l'ardeur de mes
baisers, de la rappeller à la vie. Je
m'exhalai en gémissemens & en plaintes,
capables d'émouvoir les cœurs les plus
durs. Je tentai plusieurs fois de me réu‑
nir par la mort à ma chere Diane, & je
l'aurois exécuté, si je n'en eusse été em‑
pêché par les gens qui étoient au service
de mon épouse. Ils n'oublierent rien
pour me faire quitter le dessein que j'a‑
vois formé de mourir ; ils me représen‑
terent que je me devois conserver pour
ma fille, qui, par ma mort, se trouvant
dénuée de tout appui, se trouveroit expo‑
sée à la derniere misere. Cette considé‑
ration modéra un peu la violence de

mon défefpoir ; je confentis à vivre pour ce cher & précieux refte de ma trop aimable & trop malheureufe Diane. Je fis embaumer mon époufe, & j'ai fait enchaffer fon cœur pour le conferver toute ma vie.

La fille qui la fervoit, fut fi fenfible à cette mort, qu'elle en tomba malade, & mourut quelques jours après, malgré les foins que je lui fis donner. Ce nouvel accident augmenta mon affliction ; j'aimois cette fille à qui j'avois tant d'obligations. J'aurois bien voulu pouvoir quitter un lieu fi funefte ; mais je voulois, avant, voir revenir mon Valet, dont la longue abfence commençoit à me caufer de nouvelles inquiétudes. J'avois oublié de lui demander le nom & la demeure de fa belle-fœur, & lui-même je ne le connoiffois que fous le nom de St. Sévere, fans quoi, j'aurois envoyé quelques-uns des gens de Diane pour fçavoir la caufe de fon retardement. Je patientai encore pendant quinze jours, après lefquels, ne le voyant plus revenir, je ne doutai pas qu'il ne fût arrivé quelque malheur à ma fille & au pauvre garçon ; car fa probité & fa fidélité m'étoient fi bien connues, que je ne formai jamais le moindre foupçon contre lui. Après la mort de Diane, il me fembloit que j'étois arrivé au comble de l'infortune, & que la malignité du fort étoit épuifée contre moi : mais ce nouvel accident me prouva qu'à quelque degré de calamité qu'on foit parvenu, on peut encore devenir plus malheureux. Quand je crus être certain de la perte de ma fille, n'ayant plus rien qui m'attachât à la vie, & ne pouvant foutenir de fi affreufes douleurs, je formai le deffein de m'en délivrer par la mort. Je diffimulai ma réfolution devant les gens de mon époufe, afin qu'ils ne m'empêchaffent pas de l'exécuter. Je feignis de partir le lendemain, & je les récompenfai tous de leurs fervices. J'écrivis enfuite une lettre à mon pere, dans laquelle, après une courte expofition de mes malheurs, je lui dis que la févérité avec laquelle il s'étoit oppofé à mon union avec Diane, ayant été caufe de la mort de cette adorable perfonne, j'allois me délivrer d'une vie qu'il m'avoit rendu infupportable. Je fis mettre cette lettre à la pofte ; je m'enfermai feul dans la chambre où Diane étoit morte ; je pris un piftolet, & l'ayant armé : » Chere » époufe, m'écriai-je, puifque la mort

» du malheureux fruit de notre amour
» me rend inutile au monde, permets
» que j'aille te rejoindre ». Après cette
exclamation, je me tirai trois balles dans
la tête, & je tombai fans fentiment. Les
Domeftiques, qui ne devoient fe retirer
que le lendemain, ayant entendu le coup
de piftolet, & le bruit que j'avois fait en
tombant fur le parquet, ccoururent à
mon appartement, & en enfoncerent la
porte qu'ils trouverent fermée en dedans.
Ils furent dans une confternation inexprimable de me voir baigné dans mon fang
& fans mouvement. Une partie fe détacha pour aller chercher un Religieux &
un Chirurgien, pendant que les autres
me porterent fur mon lit. Le Chirurgien, m'ayant tâté le pouls, affura que
je n'étois pas mort. Il employa à me
faire revenir tout ce que fon Art put
lui fournir de plus efficace : il y réuffit.
Quand j'eus repris la connoiffance, &
que je vis qu'on s'empreffoit à me fecourir, je refufai les foulagemens qu'on
s'efforçoit de me donner. » Laiffez-moi,
» leur difois-je d'une voix foible, laiffez-
» moi mourir tranquillement ; c'eft le
» plus grand plaifir que vous puiffiez
» me rendre ». Mais le Pere Religieux

me parla avec tant d'onction, de douceur & de charité, qu'il me fit renoncer
au deffein où j'étois de mourir, & de ne
point fouffrir qu'on m'apportât du fecours. Je permis donc au Chirurgien de
fonder ma plaie; il ne la trouva pas fi
dangereufe qu'on l'avoit crue. Le coup
ayant porté obliquement, les balles
avoient gliffé fous la peau. Quand il eut
mis le premier appareil, il recommanda
qu'on me laiffât en repos jufqu'à ce qu'il
vînt le lever.

J'étois plongé dans la plus profonde
douleur; je regardois triftement le bon
Pere qui étoit refté feul près de mon lit.
De tems en tems, il me tenoit les difcours
les plus chrétiens & les plus capables de
calmer l'agitation de mon efprit & de
mon cœur. Je ne lui répondois rien
parce qu'il m'avoit défendu de parler,
de peur d'ébranler les fibres de mon cer-
veau. Le Chirurgien, étant revenu me
panfer, trouva la plaie en un état qui lui
fit efpérer que j'en reviendrois, pourvu
qu'il ne furvînt point d'accidens, & que
je gardaffe un grand régime. Le bon
Pere ne me quittoit point; non-feulement il tâchoit de me confoler par fes

pieufes & ferventes exhortations, mais il me fervoit lui-même avec un zèle qui me donnoit une grande idée de fa vertu : ce qui ne contribuoit pas peu à me faire mieux goûter fa morale ; car rien n'eft plus propre à faire bien recevoir les remontrances chrétiennes, que de joindre l'exemple & la pratique aux confeils.

Les foins du Chirurgien, fecondés par la tendre charité de ce bon Religieux, me mirent en peu de jours hors de danger. Cependant mon pere, qui avoit été dans le dernier chagrin à la lecture de ma lettre, & qui, auffi-tôt après l'avoir reçue, étoit parti en pofte, arriva. Il n'eft guere en mon pouvoir d'exprimer combien il fut fenfible à l'état dans lequel il me trouva. Il me donna toutes les marques de tendreffe qu'il crut capables d'apporter quelque modération à la trifteffe exceffive dans laquelle il me voyoit plongé. Il me dit qu'il fe repentoit de s'être oppofé à mon mariage avec Diane, & que, s'il eût cru que je lui euffe été fi férieufement & fi fortement attaché, il fe feroit bien gardé de me caufer une mortification fi fenfible. Je fus touché de l'affliction de mon pere & des marques de bonté qu'il me donnoit ; je l'embraffai avec tendreffe, & le priai de me pardonner le chagrin que je lui caufois. Pendant fix femaines que ma maladie dura, mon pere & le bon Religieux ne me quitterent point. Quand je fus en état de partir, le Marquis & moi voulumes donner à ce faint homme, des marques de notre reconnoiffance, par un préfent conforme au zèle avec lequel il s'etoit employé à me confoler ; mais il nous pria modeftement de le difpenfer de l'accepter, en nous difant que, dans ce qu'il avoit fait, il avoit feulement rempli les devoirs auxquels fon état l'obligeoit, & que, s'il avoit eu quelque peine, il en étoit dédommagé avec ufure par le plaifir de voir que fes foins n'avoient pas été infructueux. Tout ce que nous pumes dire & faire, pour l'engager à ne nous pas refufer, étant inutile, nous donnâmes à fon Couvent ce qu'il ne vouloit pas recevoir perfonnellement, après quoi, je partis avec mon pere pour retourner à fa Terre. Mon premier foin, après mon retour, fut d'aller trouver le Chevalier de la Ville, & de lui apprendre mon mariage avec fa fille, & fa mort. Je le trouvai dans un état pitoyable ; fes yeux étoient baignés de pleurs ;

une livide pâleur le rendoit méconnoif-
fable. Quand il eut appris la fin déplorable de fa fille : » Monfieur, me dit-il,
» c'eft moi qui, par une funefte complai-
» fance pour les volontés du Marquis,
» ai caufé le malheur de ma chere
» Diane, le vôtre & le mien ; il eft jufte
» que je m'en puniffe. La Religion me
» défend de me donner la mort ; mais je
» fçaurai la trouver par une autre voye ».
Quelques jours après, il vendit fa petite
Terre, & difparut, fans que jamais perfonne ait fçu où il étoit allé, ni ce qu'il
étoit devenu.

Je n'oubliai pas non plus de récompenfer, avec le plus de libéralité qu'il me fut
poffible, tous ceux qui m'avoient fecondé
dans mon mariage clandeftin.

Malgré tous les efforts que mon pere
faifoit pour diffiper ma profonde mélancolie, par tous les divertiffemens qu'il
pouvoit me procurer, le fouvenir de ma
chere époufe expirante entre mes bras
m'étoit trop préfent, pour goûter aucun
plaifir dans la vie. J'étois continuellement
en proye au plus fombre chagrin. Je
fuyois la compagnie des hommes, & je
feignois d'aimer la chaffe, afin d'être libre de m'occuper tout entier de l'image

de Diane, de baiser son cœur, & de lui parler comme si elle eût été vivante, & qu'elle eût pu entendre mes tristes regrets. Un an se passa dans ces lugubres occupations, sans que cet espace de tems eût apporté quelque diminution à ma douleur.

Mon pere, qui desiroit passionnément avoir des petits fils pour soutenir sa Maison, me prioit de tems en tems de lui donner cette satisfaction, en épousant une Demoiselle de fort bonne Maison & très-aimable. J'étois si indifférent pour tout ce qui n'étoit pas Diane, que, quoiqu'il m'eût mené plusieurs fois chez elle, son mérite n'avoit fait aucune impression sur mon cœur. Mais il me pressa si souvent de ne pas lui refuser cette consolation, en m'assurant que je serois l'homme du monde le plus heureux avec elle, & qu'il n'y avoit qu'un pareil hymen qui pût me faire oublier les malheurs du premier, que je me rendis à ses desirs. Les deux peres étant depuis long-tems d'accord, & desirant également cette alliance, l'affaire fut bientôt conclue, & je me vis l'époux d'une personne qui avoit tout ce qu'il falloit pour faire le bonheur d'un homme qni n'auroit pas été préoccupé d'un amour auſſi vif que l'étoit celui dont je brûlois toujours pour ma chere Diane. Tout ce que je pus donner à ma nouvelle épouſe, étoit une parfaite eſtime, une tendre amitié & un reſpect infini, que ſes excellentes qualités lui méritoient; mais l'amour veut être payé par l'amour : rien n'y peut ſuppléer ; & cette belle perſonne, pour laquelle j'avois les meilleures manieres du monde, s'apperçut bientôt qu'elle n'avoit point touché mon cœur. La mélancolie qui paroiſſoit dans toutes mes actions, malgré les efforts que je faiſois pour la cacher, & les ſoupirs qui m'échappoient de tems en tems, la confirmerent bientôt dans cette funeſte connoiſſance. ,, Vous ne ,, m'aimez point, me diſoit-elle : vos ,, attentions pour moi ne partent que de ,, l'eſtime & du devoir ; rien ne peut me ,, ſatisfaire que la poſſeſſion de votre ,, cœur : ſi je ne puis l'obtenir, j'en mour- ,, rai de douleur ,,. Je faiſois tout ce qui dépendoit de moi pour lui perſuader que je l'aimois véritablement ; mais je ne pouvois la tromper à ce ſujet. Il eſt impoſ- ſible, en fait d'amour, de donner le change à une perſonne qui aime. Les égards de l'eſtime, les empreſſemens

de l'amitié font bien différens des tranfports amoureux. Mon époufe, trop certaine de n'être point aimée, & dans le
dernier chagrin de n'avoir pu, par fes
careffes & par mille & mille tendres
marques d'amour, m'en infpirer, tomba dans une langueur qui me fit craindre
pour fa vie. J'aurois voulu pouvoir l'aimer comme elle méritoit de l'être. Je
me reprochois de rendre une fi aimable
perfonne malheureufe ; mais, hélas ! il
n'étoit pas en mon pouvoir de faire autrement. Je me repentois de m'être laiffé
aller aux follicitations de mon pere, &
d'avoir, pour ainfi dire, facrifié cette ver-
tueufe & charmante Demoifelle à la paffion qu'il avoit de perpétuer notre Maifon par des petits fils.

Mon époufe devint groffe quelques
mois après mon mariage ; pendant que
mon pere s'en réjouiffoit, je m'en affli-
geois. Je craignois que les incommodi-
tés de la groffeffe & les douleurs de l'enfantement, confidérablement augmentées
par l'état de langueur dans lequel je la
voyois, ne l'entraînaffent au tombeau. Je
redoublai mes foins & mes complaifances pour elle ; je tâchai d'affecter des
fentimens & des tranfports que je n'éprou-

vois pas. Elle y fut fenfible : je vis même la joye renaître dans fon ame ; je m'en félicitois ; mais elle découvrit bientôt ma feinte, & elle retomba dans une trifteffe plus fombre qu'avant. Elle devint même malade. Tant de fituations douloureufes avancerent le tems de fes couches, & au bout de fept mois de groffeffe, elle mourut dans d'horribles douleurs, en donnant la vie à un fils. Cette mort rouvrit les anciennes plaies de mon cœur qui faignoient encore. Je jurai de ne plus m'engager dans le mariage. Il fembloit que le Deftin qui me perfécutoit, non content d'exercer fur moi fa fureur, fe plaifoit encore à l'étendre fur les perfonnes qui m'étoient attachées. Les deux plus aimables femmes du monde n'avoient fubi un fort fi malheureux, que parce qu'elles m'avoient trop aimé : je me regardois comme un monftre né pour le malheur du genre humain. Ces affreufes réflexions me cauferent un fi grand dégoût de la vie, que, ne pouvant me l'ôter moi-même, parce que les difcours du bon Religieux avoient fait impreffion fur moi, je réfolus de chercher la mort dans les combats. J'arrangeai mes affaires ; je chargeai mon pere du foin d'élever mon fils, & de lui donner de l'éducation, & je partis malgré les efforts qu'avoit fait le Marquis, pour me détourner d'une réfolution fi défefperée. L'Europe étoit alors en paix. Je m'embarquai pour Malte. La guerre continuelle que la Religion a avec les Mahométans, me faifoit efperer d'y trouver la mort que je cherchois. Le Grand Maître, à qui je communiquai le defir que j'avois de fervir fous fon Pavillon contre les Turcs, me reçut bien, & me promit de me donner de l'emploi dans le premier armement que la Religion feroit contre les Infidèles : je ne fus pas long-tems à attendre l'effet de fes promeffes. Une Galere Maltoife rentra, quelques jours après, dans le Port fort maltraitée. Quatre Corfaires Turcs, qui croifoient dans ces parages, lui avoient donné la chaffe ; elle ne s'étoit dérobée à leur pourfuite qu'à la faveur de la nuit. Le Grand Maître réfolut de chaffer ces Pirates. Il fit armer cinq Galeres qui étoient dans le Port, & les fit partir en diligence pour aller combattre ces Corfaires. J'en montois une, en qualité de Lieutenant. Nous ne tardâmes pas à rencontrer l'ennemi. Nous avions le vent fur lui, c'eft ce qui nous engagea à l'attaquer sans différer, pour ne point perdre notre avantage. Après quelques décharges d'artillerie de part & d'autre, nous vinmes à l'abordage, malgré les efforts que l'ennemi faisoit pour l'éviter. Je sautai sur la Galere que nous avions accrochée, & je fus suivi de plusieurs Chevaliers & Soldats. Je m'attachai à celui qui paroissoit la commander. Il étoit brave ; nous nous battîmes long-tems sans avoir d'avantage l'un sur l'autre ; mais le desir que j'avois de mourir, me rendant furieux, je lui portai un coup que je crus mortel. Ce Corsaire, se sentant blessé, se jetta sur moi avec tant d'impétuosité, que je ne pus parer un coup de cimeterre qui me renversa sur le pont, sans connoissance & sans mouvement. Pendant notre combat, les Turcs avoient repoussé nos Soldats & Chevaliers sur leurs Galeres, &, ayant dégagé la leur en coupant les grapins, s'étoient sauvés avec les trois autres Galeres Mahométanes, à la faveur du vent qui, ayant changé, leur étoit devenu avantageux. Les Galeres de Malte les poursuivirent long-tems sans pouvoir les atteindre.

Lorsque ces Corsaires n'eurent plus rien à craindre des Chevaliers, ils visite-

rent les bleſſés, du nombre deſquels j'é-
tois. D'abord on me crut mort, & on
étoit prêt à me jetter à la mer. La violence avec laquelle on me prit pour m'y
précipiter, me fit donner quelques ſignes de vie. On me porta à fond de cale,
où quelques liqueurs fortes qu'on me
donna, me firent entièrement revenir.
On me panſa, & on me chargea de fers.
Quelle ſituation, Grand Dieu! de me
voir dans un obſcur cachot, dangereuſe-
ment bleſſé, accablé de chaînes, nourri
avec de mauvais biſcuit & de l'eau! Un
état ſi horrible me fit ſentir plus vivement mes premiers malheurs. Quels regrets n'eus-je pas d'être échappé à la
mort? Combien n'enviai-je pas le ſort
de ceux qui avoient péri dans le combat? Tout contribuoit à augmenter l'horreur d'un ſort ſi déſeſperant. Le paſſé
étoit pour moi un ſupplice que ma ſituation préſente redoubloit; mais ce n'é-
toit rien en comparaiſon des maux que
je prévoyois dans un avenir encore plus
affreux. J'avois bleſſé le Corſaire, en la
puiſſance duquel je me trouvois. Ces ſortes de gens ne ſe piquent point d'humanité & de généroſité. Le moins que
j'euſſe à craindre de ſon reſſentiment,

étoit un esclavage rigoureux & perpétuel. Il faut que je sois de la plus robuste complexion, pour n'avoir pas succombé à tant de maux. Ma blessure, que le chagrin & les circonstances horribles de ma captivité devoient rendre incurable, se guérit en moins de tems qu'elle ne l'auroit été, quand même j'aurois eu tous les soulagemens & toutes les commodités que j'aurois pu desirer; mais la playe de mon cœur ne se ferma pas. J'étois en proye à la plus vive douleur; j'arrosois sans cesse de mes larmes les fers qui m'accabloient, & dont j'étois si fort incommodé, que je ne pouvois, par un seul moment de sommeil, perdre le sentiment de mes malheurs.

Le Corsaire ne fut pas plutôt en état de quitter le lit, qu'il vint me voir. La fureur qui paroissoit dans ses yeux, me fit d'abord croire qu'il alloit m'immoler à sa vengeance. Cette pensée, loin de m'allarmer, me consola; puisque je regardois la mort comme la plus grande faveur qu'il pût me faire. » Malheureux » Chrétien, me dit-il, tu mériterois » que je te fisse expirer dans les plus » cruels tourmens; mais, non, je veux » te rendre la vie si odieuse, que tu
souhaiteras

» fouhaiteras avec ardeur la mort, fans
» pouvoir l'obtenir. Je te déclare donc
» que tu ne dois pas te flatter de recou-
» vrer ta liberté, quelque rançon qu'on
» puiffe m'offrir pour toi. Tant qu'il plai-
» ra à Dieu, & à notre Grand Prophéte
» de te laiffer la vie dont tu es indigne,
» après avoir verfé le fang d'un fidele
» Mufulman, tu languiras fous le poids
» des fers dont je t'ai fait charger ».
Aprés cette terrible fentence, il fe retira.
On ne meurt point de douleur.; puifque
ce barbare difcours ne me fit point expirer. Permettez - moi, belle Sylvie,
d'abréger le récit des maux horribles
que j'ai foufferts, pendant cet efclavage
affreux qui a duré quinze ans. Mon tyran
venoit de tems en tems jouir du cruel
plaifir de voir l'excès de ma mifere, qu'il
tâchoit d'augmenter par les plus fanglans reproches. Chaque fois que j'enten-
dois le bruit du canon, je jugeois que
mon Corfaire attaquoit quelque Vaiffeau
Chrétien, ou en étoit attaqué. Ne pouvant efperer de voir la fin de ma captivité que dans le cas que les Chrétiens
s'empareroient du Vaiffeau de mon barbare Maître, je formois les vœux les
plus ardens pour leur victoire de laquelle

Seconde Partie. G

dépendoit mon falut. Enfin, ce moment defiré arriva : ce fut environ au commencement de la feiziéme année de mon efclavage. Une Galere de Malte, fortement armée, furprit mon Corfaire feul, s'empara de fon Vaiffeau, aprés l'avoir tué, avec une partie de fon équipage. Je penfai mourir de joie, quand je vis deux Chevaliers qui vinrent me tirer des fers, & qui me donnerent des marques fenfibles de compaffion. Je leur découvris d'abord qui j'étois, & leur fis le récit des cruautés que j'avois effuyées. Ils furent dans le dernier étonnement d'apprendre que j'étois vivant. Ils avoient entendu parler de moi : on avoit cru que j'étois mort du coup de cimeterre que le Corfaire m'avoit déchargé. Ils eurent pour moi mille attentions, & n'épargnerent rien pour me procurer tous les fecours dont j'avois befoin. Contens de la prife qu'ils avoient faite, ils retournerent à Malte où le Grand Maître me reçut de la maniere la plus gracieufe. Il prit toute la part poffible à mes malheurs, & voulut que je logeaffe dans fon Palais. Il fournit généreufement à ma dépenfe. Je profitai de fes bontés pour me rétablir de l'épuifement qu'un si long & si douloureux esclavage m'avoit causé. J'étois bien résolu, aussi-tôt que mes forces me le permettroient, de me venger de tant de maux sur les ennemis du nom chrétien. En attendant, j'écrivis à mon pere & à mon fils, pour les désabuser de l'opinion où ils devoient être de ma mort, s'ils vivoient encore. Je confiai ma lettre à un Capitaine de Marseille, prêt à faire voile pour cette Ville, qui me promit de la faire tenir sûrement à son adresse.

J'étois si épuisé de tant de fatigues, que je fus trois mois à me remettre entierement. Au bout de ce tems, je vis, avec la plus grande surprise, mon pere & mon fils qui, informés par ma lettre que j'étois à Malte, étoient partis sur le premier Vaisseau qu'ils avoient trouvé à Marseille, prêt à faire voile pour les Echelles du Levant. Quoique le Capitaine n'eût point affaire à Malte, moyennant une somme assez considérable qu'ils lui avoient donnée, il leur avoit promis de relâcher dans cette Isle, pour les y mettre à terre. Leur vue inopinée me causa un véritable plaisir. Je fus touché de l'empressement avec lequel mon pere, qui étoit un vieillard de plus de quatre-vingts ans, s'étoit expofé à la fatigue de la mer pour venir m'embraſſer. Je fus auſſi très-ſatisfait de voir mon fils qui, à l'âge de dix-ſept ans, paroiſſoit promettre beaucoup. Je leur donnai les marques les plus vives de la joie que j'avois de les revoir. Je leur racontai tous les maux que j'avois ſoufferts, & je ne leur cachai pas le deſſein où j'étois de m'en venger dans le ſang de mes ennemis. Mon fils entra dans mon reſſentiment, & me pria de lui permettre de m'accompagner, & de m'aider à en tirer vengeance : mais mon pere fit tout ce qui dépendoit de lui, pour me faire quitter une réſolution ſi funeſte. Ses raiſons & ſes efforts furent inutiles.

Il ſemble qu'il y ait une deſtinée à laquelle les hommes ne peuvent ſe ſouſtraire. Une certaine fatalité m'aveugloit & m'entraînoit, comme malgré moi, au comble des infortunes. Je pouvois retourner chez moi, & jouir tranquillement du plaiſir de voir un pere qui m'étoit très-cher, & un fils dont les aimables qualités me promettoient beaucoup de contentement. C'étoit-là certainement le parti que je devois prendre, ſi j'avois été capable d'écouter les conſeils que la raifon & la prudence me dictoient. Mais, hélas ! la funefte influence de mon étoile me fit prendre un parti oppofé. Je déclarai à mon pere & à mon fils, que j'étois abfolument réfolu de monter le premier Vaiffeau qui iroit en courfe contre les Infidèles ; je les priai de m'attendre à Malte où je viendrois les rejoindre, auffi-tôt que j'aurois rempli mon defir de vengeance, & qu'enfuite je les accompagnerois en France. Ils ne voulurent point me quitter, & me protefterent qu'ils partageroient avec moi tous les dangers que j'étois réfolu de courir. Je m'efforçai de les en détourner : ils refuferent de renoncer à leur deffein, à moins que je ne quittaffe moi-même celui où j'étois de m'expofer à de nouveaux périls. Ne pouvant me déterminer à changer de réfolution, je fus obligé de confentir à leur embarquement. Nous partîmes donc, peu de jours après, avec une petite Efcadre de la Religion, deftinée à croifer du côté d'Alger. Le Dey, qui avoit été informé de l'armement des Chevaliers, avoit donné ordre à tous les Corfaires de la Régence, de fe réunir tous pour enlever l'Efcadre Maltoife. Après quelques jours de na-

G iij

vigation, nous nous vîmes un matin environnés par les ennemis qui nous étoient trois fois supérieurs en nombre. Le Chevalier de L.... qui commandoit notre Escadre, voyant que la partie étoit si inégale, voulut se retirer. Il donna ses ordres avec tant d'exactitude, que, des six Galeres qui composoient sa petite Flotte, il y en eut cinq qui se virent en peu de tems assez éloignées des Corsaires, pour ne rien craindre de leur part; il n'y eut que la nôtre qui ne put faire assez de diligence pour les éviter. Deux Vaisseaux Algériens l'accrocherent avec leurs grapins, & les Turcs sauterent sur notre bord. Notre équipage étoit nombreux. Outre quantité de bons soldats, nous avions une vingtaine de Chevaliers remplis de courage. Nous reçûmes les ennemis avec tant de vigueur, que, ne pouvant soutenir nos efforts, ils furent contraints de regagner leurs Vaisseaux, après avoir perdu beaucoup de monde. Mon fils, se laissant entraîner par l'impétuosité de son courage, poursuivit les ennemis, à la tête de quelques braves soldats, jusques sur leur bord. Le Capitaine de notre Galere profita du trouble, où ce premier échec avoit jetté les Infidèles, pour la dégager , avant qu'ils revinſſent à la charge. Mon fils , qui s'apperçut de la manœuvre que le Capitaine faiſoit faire pour ſe retirer , voulut ſauter du Vaiſſeau ennemi dans notre Galere , préciſément dans l'inſtant qu'elle faiſoit le premier mouvement pour s'en ſéparer. Dans le tems qu'il s'y lançoit , un Algérien lui déchargea ſur la tête un coup de hache d'armes , qui le fit tomber dans la mer. Je ne pus apporter du ſecours à mon malheureux fils qui teignoit la mer de ſon ſang. Je le vis , un moment après , englouti dans les flots. Notre Galere s'é-loigna avec tant de rapidité , qu'elle re-joignit les cinq autres , ſans que les enne-mis puſſent s'oppoſer à ſa retraite. La tragique mort de mon fils me replon-gea dans une douleur ſi exceſſive , que je reſtai long-tems immobile ſur le pont, ſans proférer une ſeule parole. De fré-quens ſoupirs & un déluge de larmes étoient les ſeuls interprètes des ſentimens douloureux dont mon ame étoit déchi-rée. Inſenſible à ma propre ſituation, qui avoit beſoin de ſecours , puiſque j'avois été bleſſé dans le combat , je ne m'occu-pois que de ſon malheur. On me retira malgré moi de deſſus le pont , pour me

donner le foulagement dont j'avois befoin. Hélas ! n'eût-il pas été plus avantageux pour moi qu'on m'eût laiffé mourir autant du chagrin de la mort de mon
fils, que de mes propres bleffures ? Mais
il falloit bien qu'on me confervât la vie,
pour être encore en état de reffentir le
coup nouveau que la cruauté du fort vouloit me porter en m'enlevant mon pere.
Il avoit été auffi témoin de la mort de
mon malheureux fils ; il en fut fi fort
touché, qu'il en tomba malade, & mourut, au bout de quelques jours, du regret que cette perte lui avoit caufé. Rien
ne peut donner une jufte idée de l'affreufe
fituation où tant de terribles évènemens
me réduifirent. Je défiois le barbare deftin de pouvoir inventer de nouveaux
tourmens pour me fupplicier. Tous tes
traits, m'écriois-je avec un tranfport douloureux, tous tes traits font épuifés fur
moi. Tu as pris plaifir à enlever à mes
yeux toutes les perfonnes qui m'étoient
cheres : tu as eu la fatisfaction de me
faire languir dans les horreurs du plus
dur efclavage, &, pour comble de cruauté, tu me refufes la mort qui eft le feul
adouciffement que tu puiffes apporter à
tant de peines. Tu te repais, cruel, de

mes maux avec d'autant plus de joie, que tu fçais que les reproches que je me fais à moi-même d'avoir été la cauſe de la perte de tant de malheureux, me bourrelent continuellement le cœur. Je paſſai, dans ces pitoyables gémiſſemens, tout le tems de notre navigation : il ne fut pas long. Le Commandant de notre Flotte, voyant que les ennemis étoient ſi forts , & qu'il n'y avoit pas de ſûreté pour lui à tenir la mer, revint à Malte, deux mois après en être ſorti. Je fus un tems aſſez conſidérable ſans pouvoir quitter le lit, &, quand je pus le faire, il me reſta tant de foibleſſe, que, ne pouvant plus aller chercher dans les combats la mort que j'avois tant deſirée ſans la trouver, je fus obligé de revenir en France. J'ai mené depuis, dans ma Terre, la vie la plus triſte : occupé ſans ceſſe du ſouvenir affligeant de mes malheurs. Je les ſens cependant beaucoup diminués, belle Sylvie, depuis que j'ai eu l'avantage de vous connoître ; & la part que vous voulez bien y prendre, eſt pour moi une conſolation bien douce. Vous ne vous trompez pas , Monſieur , dit Sylvie : On ne peut être plus ſenſible que je le ſuis à vos infortunes. Je ſens même un je ne fçais quoi que je ne puis ni démêler ni définir , qui m'intéreſſe autant que ſi j'y avois moi - même eu part. Peut - être n'eſt-ce que l'effet naturel du ſentiment que l'on a pour ſes propres malheurs, qui m'attendrit ſi fort ſur les vôtres. Quoi qu'il en ſoit, je vous jure, Monſieur, que , quand j'aurois l'honneur d'être cette fille que vous avez perdue auſſi-tôt après ſa naiſſance , je n'aurois pas été plus tou-chée , que je l'ai été à votre récit. Hélas ! continua-t-elle , en verſant quelques lar-mes , il y a tant de rapport entre ſon fort & le mien , que je deſirois avec empreſ-ſement entendre la fin de votre malheu-reuſe hiſtoire , pour ſçavoir ſi je n'y dé-couvrirois rien qui pût me fournir quel-que lumière ſur ce que je deſirois ; car je me ſerois crue infiniment heureuſe , ſi je vous euſſe dû le jour. Mon cœur me le diſoit ; les ſentimens dont il eſt péné-tré pour vous , me le perſuadoient ; mais, trop flatteuſe erreur ! la fin de votre nar-ration m'a laiſſée dans ma funeſte obſcu-rité. Belle Sylvie, répondit le Marquis, j'oublierois tous mes malheurs, ſi ce que vous dites ſe vérifioit. S'il ne falloit , pour m'en convaincre , que conſulter mon ame , ma tendreſſe pour vous ne me laisseroit aucun lieu de douter que vous êtes ma fille ; mais, ne pouvant en avoir de certitude par d'autres témoignagnes, je veux toujours vous regarder comme telle, & vous donner le bien de mes peres, que je ne puis transmettre à mes vrais enfans, puisqu'ils n'existent plus.

Le Marquis de B . . . . auroit bien voulu ne jamais se séparer de Sylvie, & demeurer chez elle, ou l'emmener à son Château ; mais, la bienséance ne le permettant pas, il se rendoit chez elle le plus souvent qu'il pouvoit. Il avoit aussi conçu beaucoup d'estime pour Dona Théodora, qui la méritoit véritablement. Une société si douce modéroit beaucoup l'impression de ses chagrins. Sylvie, dans différentes lettres, avoit mandé à Léonce les aventures du Marquis, les sentimens qu'elle avoit pour lui, & le secret pressentiment qu'elle avoit que ce pouvoit être son pere. Léonce, qui le desiroit avec passion, résolut de tout mettre en usage pour s'en instruire. Si Sylvie, disoit-il à son ami le Chevalier de Termilek, est fille de ce Seigneur, je suis le plus heureux de tous les hommes. Mon pere ne s'opposera plus à mon bonheur ; puisque le Marquis est d'une Maison aussi illustre que la nôtre, & qu'il a des biens considérables. Dès que le Printems eut ramené les beaux jours, il invita son ami à faire un petit voyage chez Sylvie. Il n'eut pas de peine à l'y faire consentir. Ce tendre Amant étoit trop fortement occupé de sa chere Italienne, pour ne pas accepter avec joie une proposition qui lui procureroit le plaisir de la revoir. Il leur fut facile de tromper, comme la premiere fois, ceux qui éclairoient la conduite de Léonce, en feignant d'aller se divertir à la Terre du Chevalier. Ils prirent la même route qu'ils avoient tenue dans leur premier voyage, & ils aborderent au Port de Dieppe. Il y avoit dans l'Auberge où ils descendirent, une femme qui demanda aux Domestiques de Léonce & de Termilek quels étoient leurs Maîtres. Ils lui répondirent que c'étoient deux Milords Anglois qui venoient voir la France. Cette femme se fit introduire avec effronterie dans leur chambre, sous prétexte d'avoir des choses de la derniere importance à leur communiquer. Comme ils étoient en habits de voyage, & qu'il faisoit un peu obscur (car c'étoit

fur le foir) elle ne les reconnut pas.
Mais Termilek la remit au premier coup
d'œil ; c'étoit la prétendue Magicienne.
Il lui dit : Ah ! je fuis charmé de vous
voir. Vous venez fans doute me rendre
les Bijoux que vous ne m'avez enlevés
chez Sylvie , qu'afin de me mettre en
peine pendant quelques mois. Quoique ce
tour ne foit pas trop galant , je vous
le pardonne en faveur de la reftitution
que vous voulez me faire. Je laiffe à
penfer combien cette friponne fut interdite en reconnoiffant ces deux Seigneurs.
Elle voulut s'échapper : la porte étoit
fermée ; il n'y avoit pas trop de facilité
pour elle. D'ailleurs, elle craignoit qu'on
ne l'eût fait arrêter , ce qui auroit fait de
l'éclat. Elle prit le parti de fe jetter à leurs
genoux , & de les prier de ne point la
perdre. Ils étoient généreux : ils lui promirent , à condition néanmoins qu'elle
leur raconteroit comment elle avoit ac-
quis les qualités néceffaires pour exercer
fon métier avec autant de fubtilité qu'elle
en avoit, & où elle avoit puifé les con-
noiffances dont elle leur avoit donné des
marques fi extraordinaires. Elle les remercia de leur indulgence , & , pour
leur donner la fatisfaction qu'ils exi-

geoient, elle leur parla ainſi :

  » Mon pere, qui étoit un Gentilhom-
» me de la Baſſe-Bretagne, jouiſſoit d'un
» bien aſſez honnête, & qui auroit ſuffi
» pour me faire ſubſiſter honorablement,
» s'il eût ſçu le ménager. Il y avoit au-
» près de ſa Terre, un vieux Philoſophe
» qui vivoit retiré de tout commerce
» avec les hommes, & qui paſſoit pour
» avoir des communications très-intimes
» avec les Intelligences ſpirituelles.
» Mon pere l'alloit voir de tems en
» tems, & ſe lia, par la ſuite, d'une étroi-
» te amitié avec lui. Il m'y mena plu-
» ſieurs fois. J'ai vu ſon cabinet qui étoit
» rempli d'une infinité de choſes rares
» & curieuſes. Il nous faiſoit voir, par
» le moyen de certaines liqueurs, des
» objets qui nous paroiſſoient tenir tout-
» à-fait du prodige. Ce Philoſophe étoit
» très-ſçavant dans la Chymie ; il ſe van-
» toit, entre autres découvertes, d'a-
» voir fait celles de la Médecine univer-
» ſelle, qui étoit un élixir, par le moyen
» duquel, il prétendoit qu'on pouvoit ſe
» conſerver la vie ſans infirmités pen-
» dant pluſieurs ſiécles, & de la tranſmuta-
» tion des métaux en or pur & de bon
» aloi. Mon pere fut aſſez dénué de bon

» fens pour tenter d'acquérir ces fecrets.
» Il devint en peu de tems fouffleur paf-
» fionné. Il alloit fouvent trouver fon
» ami, pour lui faire part des progrès
» qu'il faifoit, & pour recevoir de lui
» de nouvelles inftructions. Je l'accom-
» pagnois quelquefois dans ces vifites,
» & je profitois de la bonne volonté que
» ce vieillard me témoignoit, pour ap-
» prendre la recette de certaines poudres
» & liqueurs dont les effets extraordinai-
» res me plaifoient beaucoup. Mon pere
» & moi aurions bien defiré qu'il nous
» apprît auffi les moyens de communi-
» quer avec les Génies avec lefquels il
» difoit être dans une étroite relation;
» mais, ayant obfervé les linéamens de
» nos mains & l'heure de notre naiffance,
» il nous affura qu'il ne nous étoit pas
» donné d'obtenir cette faveur. Cepen-
» dant mon pere s'entêta fi fort à fouffler,
» qu'il y confuma en peu de tems tout
» fon bien. Orpheline à l'âge de quinze
» ans, fans bien, fans parens, & ne
» fçachant où donner de la tête, je fus
» obligée d'accepter l'afyle que le Vieil-
» lard m'offrit. J'achevai de me perfec-
» tionner dans les compofitions de fafci-
» nations dont il m'avoit déja donné des

» teintures. Ce Philosophe n'étoit pas si
» intimement lié avec les Etres immaté-
» riels, qu'il ne fût sensible aux objets
» corporels. Il devint amoureux de moi,
» & profita de ma jeunesse, de mon in-
» nocence & de mon défaut d'expérience.
» Il ne s'en tint pas à ce premier essai : il
» continua pendant deux ans que je fus
» avec lui, à abuser de ma simplicité.
» Au bout de ce tems, il mourut. Sa
» mort me fut d'autant plus sensible,
» qu'elle ne me laissoit aucune ressource
» pour vivre. Dans une si fâcheuse ex-
» trêmité, je me vis contrainte d'aller
» de Village en Village faire voir aux
» Paysans l'effet de mes poudres, & de
» tirer, par ce moyen, quelqu'argent
» pour ma subsistance. Je me hazardai,
» après ces premiers succès, à paroître
» dans les Villes. J'y réussis au de-là de
» mes espérances. J'avois de la mémoire ;
» je me ressouvenois parfaitement de ce
» que j'avois lu dans plusieurs traités de
» sciences occultes ; je m'exprimois assez
» facilement : j'en imposai : on me regar-
» da comme une femme extraordinaire.
» On accouroit en foule pour voir mes
» prestiges, & pour me consulter. J'a-
» massai en peu de tems une somme

» confidérable. Mais ma trop grande ré-
» putation me ruina & penfa même me
» perdre tout-à-fait. Je fus arrêtée &
» emprifonnée comme forciere. J'eus
» toutes les peines du monde à me ti-
» rer d'affaire, & je crois que, fans mon
» argent, le moins qui me feroit arrivé,
» auroit été une prifon perpétuelle.
» Mais je facrifiai tout ce que j'avois
» amaffé, pour obtenir ma liberté, qui
» me fut rendue fix mois après avoir été
» arrêtée. Cet accident me fit connoître
» de quelle importance il étoit pour moi
» de me cacher. Je n'exerçai par la fuite
» mon Art qu'en fecret. Mais le foin que
» j'étois forcé de prendre pour dérober
» ma fcience à la connoiffance du Pu-
» blic, diminua beaucoup mon profit.
» J'avois de la peine à vivre. La nécef-
» fité me força à joindre l'adreffe des
» mains à mes premiers talens. Je me
» mêlai de deviner le paffé & l'avenir.
» Je tâchai, par le moyen des Domefti-
» ques ou des perfonnes des environs, d'a-
» voir des lumières certaines fur ce qui
» s'étoit paffé dans les maifons des Sei-
» gneurs & des gens riches. Je m'y intro-
» duifois enfuite d'un air affuré, & je
» les étonnois par le récit de ce qui leur

„ étoit arrivé en leur vie ; je tirois enfui-
„ te des conjectures fur ce que je voyois,
„ pour leur dire des chofes qui les fra-
„ paſſent encore plus ; enfuite je m'éten-
„ dois fur l'avenir avec d'autant plus de
„ liberté, que je ne craignois pas d'être
„ démentie. Je les amufois enfuite , à
„ l'aide de mes poudres & de mes li-
„ queurs, par des fpectacles qui les en-
„ chantoient. Je profitois de l'efpece de
„ raviſſement que produifoient en eux
„ des objets fi merveilleux , pour enlever
„ ce que je trouvois de plus précieux, &
„ pour m'évader. Je m'enfuyois enfuite
„ fur mon cheval que je faifois tenir
„ tout prêt dans les environs , & je paf-
„ fois rapidement dans une autre Provin-
„ ce où je faifois la même manœuvre.
„ C'eſt ainfi que j'ai parcouru l'Efpagne,
„ l'Italie , l'Allemagne , & une partie
„ de la France. C'eſt ainfi , Seigneur Ter-
„ mileck, que je vous ai dupé. Voilà ma
„ malheureufe hiftoire. Il ne tient qu'à
„ vous de me perdre ; mais vous êtes
„ trop généreux pour le faire : votre pa-
„ role m'en eſt un gage aſſuré. Je ne
„ veux profiter de la grace que vous
„ m'accordez, que pour changer de vie,
„ & faire pénitence dans un Cloître le

,, reste de mes jours. L'argent que j'ai
,, recueilli de la vente des Bijoux que j'ai
,, enlevés à différentes personnes de con-
,, dition, suffira pour me faire recevoir
,, dans un Couvent, où je pleurerai toute
,, ma vie mes égaremens, dans lesquels
,, je ne serois jamais tombée, si le fol en-
,, têtement de mon pere ne m'avoit ré-
,, duite à la derniere indigence ,,. Elle
prononça ces dernieres paroles d'un ton
si contrit, que Léonce & Termileck en
furent touchés. Ils lui renouvellerent la
promesse qu'ils lui avoient faite de ne
lui point nuire, & l'engagerent fortement d'exécuter les bonnes résolutions
dans lesquelles elle paroissoit être, qui
étoit le seul moyen d'éviter la funeste
fin qu'elle feroit infailliblement, si elle
continuoit son infâme métier Ils lui
donnerent même quelques piéces d'or,
& la congédierent.

Cette aventure amusa ces jeunes Seigneurs jusqu'au moment de leur souper,
après le quel, ils se reposerent, afin d'ê-
tre en état de partir le lendemain de bon
matin, pour se rendre à Rouen où ils
comptoient aller dîner. L'hôtel où ils
descendirent dans cette Ville, étoit le
plus fréquenté par les gens de distinction

& par les Etrangers de marque. En attendant le dîner, ils s'informerent, en
caufant avec l'hôteffe, qui étoit une femme
de bonne mine & de bonne converfation, de ce qu'on difoit de nouveau.
,, Meffieurs, leur dit-elle, je vais vous
,, régaler d'une nouvelle toute fraîche,
,, & qui fait beaucoup de bruit. Un en-
,, fant de Rouen eft arrivé, depuis deux
,, ou trois jours, dans cette Ville, avec
,, des richeffes immenfes qu'il a amaffées
,, dans les Indes. Son pere étoit Mar-
,, chand; il avoit eu deux fils qui, par
,, leurs étourderies, avoient fort dérangé
,, fes affaires. Des banqueroutes acheve-
,, rent de le ruiner entierement; ce qui
,, le fit mourir de chagrin. L'aîné de ces
,, deux freres, qui avoit été envoyé par
,, fon pere au Miffiffipi, y eft fans dou-
,, te péri; car on n'en a jamais entendu
,, parler depuis. Le cadet, qui eft celui
,, qui vient de reparoître fi riche, après
,, le décès de fon pere, fe trouvant fans
,, biens, & ne fçachant que devenir,
,, avoit été obligé de fe mettre en condi-
,, tion. Je ne fçais par quelle aventure
,, il a paffé aux Indes; mais, ce qu'il y
,, a de certain, c'eft qu'il eft à préfent
,, dans l'opulence, & qu'il fait une figu-

,, re extrêmement brillante ,,. Léonce,
qui avoit entendu cent fois le détail des
aventures de Duparc, se doutant que la
personne dont l'hôtesse lui parloit, étoit
son frere, lui demanda avec empressement comment on le nommoit. ,, Il
,, s'appelle Duparc, dit - elle, qui est
,, le nom que portoit son pere. Sa for-
,, tune ne lui en a point fait changer, &
,, il ne se méconnoît pas dans la pros-
,, périté ,,. Faites-moi, s'il vous plaît,
dit Léonce, le plaisir de lui remettre un
billet que je vais vous donner, pour le
prier de venir me parler, parce que je
desire, pour des raisons importantes, le
voir avant que de partir. Il écrivit ensuite
deux lignes qu'il remit à cette Dame.
Une demi-heure après, il entra, & leur
dit: ,, Messieurs, que desirez - vous de
,, moi? y a-t-il quelque chose en quoi je
,, puisse vous être utile ? je le ferai de
,, tout mon cœur ,,. Le plaisir, Monsieur, que nous vous prions de nous faire, répondit Léonce, c'est de vouloir
bien prendre votre part du dîner qu'on
va servir : après quoi, nous nous entre-
tiendrons de choses qui vous feront autant agréables, qu'elles me feront avan-
tageuses. Duparc accepta la proposition.

Pendant le repas, Léonce lui fit, d'un air affez défintéreffé, quelques queftions fur les circonftances qui pouvoient le toucher plus vivement. Il lui demanda, par exemple, s'il avoit eu des nouvelles de fon frere : Il lui répondit qu'il s'étoit informé de lui à fon arrivée ; qu'on lui avoit dit qu'il avoit quitté fa forêt, & que depuis on n'en avoit jamais entendu parler, ce qui l'inquiétoit & l'affligeoit beaucoup ; puifqu'il étoit privé de la fatisfaction de partager avec lui fa fortune. Confolez-vous, lui dit Léonce, dans deux jours, fi vous voulez venir avec moi, je vous procurerai la joie de l'embraffer. Que je vous fuis obligé, Monfieur, dit Duparc, de m'annoncer une fi heureufe nouvelle ! Oui, je vous fuivrai avec le plus tendre empreffement que l'amitié puiffe infpirer : car j'ai toujours tendrement aimé mon cher & malheureux frere. Que je vais goûter de plaifir à le voir & à le retirer de la mifere dans laquelle il eft fans doute. J'ai encore un autre devoir à remplir : je n'en ai été détourné que par l'obligation de faire du bien à des parens éloignés & pauvres que j'ai dans cette Ville. Auffi-tôt que j'au-

rai entierement fatisfait à ce que la pa-
renté exige de moi, je ne différerai point
à m'en acquitter. C'eft d'aller voir mon
ancien Maître qui porte à préfent, à ce
qu'on m'a dit , le titre de Marquis de
C.... fon pere étant mort depuis quelques années. Hélas ! il doit avoir été
bien défefperé de la perte de fa fille,
arrivée immédiatement après la mort
de fon aimable époufe. Mais, ne m'ayant
point vu revenir , ne m'aura-t-il point
foupçonné d'avoir été tenté par les cent
louis qu'il m'avoit chargé de donner à ma
belle-fœur , & n'aura-t-il pas cru que ,
pour en profiter , j'aurai fait périr cette
innocente créature ? Qu'il me tarde d'ê-
tre à portée de me juftifier en fa préfence ! Léonce , qui avoit été inftruit de
toutes les circonftances de la vie du Marquis de C..... par le récit que Sylvie
lui en avoit fait dans fes lettres , s'écria :
O Ciel ! quoi ! c'eft vous qui avez porté
dans un buiffon l'enfant que votre frere a
trouvé dans une petite corbeille avec un
paquet de hardes ; & Sylvie eft la fille
du Marquis de C.... Duparc , étonné
de ce qu'il étoit informé de ces circonftances, après l'avoir affuré que c'étoit
lui , alloit lui faire d'autres queftions ;

mais Léonce, se levant avec empressement de la table, vint l'embrasser avec
une tendresse inexprimable : Ah ! mon
cher Duparc, lui dit-il, votre frere a
sauvé la vie à l'adorable Sylvie, & vous,
vous me rendez le plus heureux de tous
les hommes, en m'apprenant que le
Marquis de C..... lui a donné le jour.
Duparc, de plus en plus surpris de tout
ce qu'il entendoit, répondit aux caresses
de Léonce, en lui disant qu'il étoit au
comble du plaisir, de pouvoir contribuer en quelque chose au bonheur d'un
galant homme tel qu'il paroissoit être.
Ils alloient se faire l'un à l'autre mille
nouvelles questions, si le Chevalier de
Termileck ne leur eût dit de se modérer pour un moment, & de se donner le
tems de dîner ; après quoi, ils pourroient
s'instruire à fond de ce qu'ils desiroient
sçavoir. Ils se remirent donc à table, &
finirent dans la joie ce repas qui avoit
commencé assez sérieusement. Quand on
eut desservi, Léonce pria Duparc d'avoir
la complaisance de lui faire part de ce
qui lui étoit arrivé. J'y prends tant d'intérêt, lui dit-il, par rapport à l'adorable fille du Marquis de C..... & à
votre frere que j'estime & que j'aime
beaucoup,

beaucoup , que je vous prie de n'omet-
tre aucune circonſtance un peu conſidérable. Ne craignez point de m'ennuyer.
On écoute toujours avec plaiſir ce qui
touche les perſonnes qui nous ſont cheres. Vous me l'êtes, dès ce moment, plus
que je ne puis vous l'exprimer : ainſi votre récit n'aura rien que d'intéreſſant pour
moi. Pour ce qui eſt du Chevalier, comme nous ſommes intimes amis , je ſuis
perſuadé que tout ce qui me fait plaiſir,
lui en fait auſſi. Termileck dit à Léonce
qu'il ne ſe trompoit pas dans l'opinion
qu'il avoit de lui, & pria Duparc de com-
mencer ſa narration à laquelle il ſe ſentoit diſpoſé à prendre tout l'intérêt
poſſible. Duparc les ſatisfit en ces termes :

N'attendez pas de moi, Meſſieurs,
un diſcours élégant. Elevé par mon
pere pour le commerce , & n'ayant jamais eu de teinture des Belles-Lettres,
comment pourrois - je m'énoncer avec
cette pureté qui eſt le fruit de l'étude?
Mais je vous dédommagerai de la groſ-
ſiéreté de mon langage par la vérité, de
laquelle je ne m'écarterai jamais dans
mon récit. Il n'eſt pas néceſſaire que je
vous raconte les commencemens de ma

vie. Puisque mon frere vous a instruits de ses aventures, vous n'avez pu les apprendre, sans sçavoir aussi ce qui m'est arrivé de remarquable jusqu'au moment que Monsieur le Chevalier de C..... qui est à présent Marquis de C..... m'envoya porter à ma sœur la petite fille dont sa chere Diane étoit accouchée, afin qu'elle la nourrît. Je ne fus pas plutôt arrivé dans le bois où il demeuroit avec son épouse, que je vis une bande de voleurs qui venoient droit à moi. Ma plus grande inquiétude, dans un si pressant danger, fut pour le précieux dépôt que mon Maître m'avoit confié. Je ne voyois aucun moyen de leur échapper; car ils m'avoient environné de toutes parts. Néanmoins, comme ils étoient encore assez éloignés, j'eus le tems de cacher dans un buisson cette malheureuse petite créature, avec le paquet de hardes qui étoit destiné à son usage, sans que ces voleurs s'apperçussent du mouvement que j'avois fait. J'esperai que les cris de cette pauvre enfant attireroient quelque passant, qui, touché de son état, se chargeroit de la nourrir & de l'élever. Déchargé de ce cher fardeau, j'allai avec assurance droit à ces voleurs. Ils m'arrêterent en me demandant la bourse ou la vie. Je crus me tirer de leurs mains en leur abandonnant les cent louis que mon Maître m'avoit remis pour donner à ma belle-sœur; mais, après les avoir pris, ils me dirent que je leur paroissois avoir toutes les qualités nécessaires pour mériter d'être agrégé à leur compagnie; que pour peu que je voulusse profiter des leçons qu'ils me donneroient, je ferois bientôt des merveilles, & qu'en peu de tems je me verrois dans l'opulence. Saisi d'horreur d'une si abominable proposition, je leur répondis que je me reconnoissois indigne de l'honneur qu'ils vouloient me faire, & que je ne me sentois point assez d'habileté ni de courage pour exercer un emploi si périlleux. Je les priai donc de me dispenser d'accepter le parti qu'ils m'offroient; mais leur Chef me prenant par la main : ,, Mon ami, ,, me dit-il, je veux faire quelque chose ,, de toi; tu es bien bâti, tu as l'air alerte; ,, je te mettrai entre les mains de trois ,, braves qui sçavent leur métier au par- ,, fait, & il faudroit que tu eusses la tête ,, bien dure, si leurs leçons ne te rendoient ,, pas bientôt habile homme. Au reste, tu ,, ne dois pas te laisser effrayer par les pé-

,, rils auxquels nous ſommes expoſés. Il
,, eſt vrai que nous courons quelque riſ-
,, que; mais en récompenſe, nous menons
,, la vie la plus voluptueuſe; nous na-
,, geons dans l'or & dans toutes ſortes
,, de plaiſirs : le bon vin, la bonne chere,
,, les belles femmes ne nous manquent
,, pas ; & j'ai ſçu ſi bien pourvoir à notre
,, ſûreté, que le Diable même auroit
,, peine à découvrir notre retraite ,,. Je
voulus en vain m'arracher de leurs mains,
ils me conduiſirent malgré moi dans le
lieu de leur réſidence. Quand ils furent
arrivés dans l'endroit le plus écarté & le
plus touffu du bois, ils ſe coulerent avec
de grandes précautions, pour n'être point
apperçus, derriere un rocher. Ils en
détacherent une groſſe pierre qui y étoit
ſi exactement jointe, qu'on eût dit qu'elle
ne faiſoit qu'un tout avec ce roc. Cette
pierre étoit attachée avec des gonds qui
y avoient été poſés de façon qu'il n'en
paroiſſoit rien en dehors. Ils tirerent
enſuite de deſſous des brouſſailles, une
longue échelle qu'ils gliſſerent par l'ouverture du rocher. Le Chef de ces voleurs y deſcendit le premier, & me prit
par la main pour me faire deſcendre
après lui ; ce que tous les autres firent

auſſi ſucceſſivement. J'étois dans une inquiétude mortelle ; je craignois que ces
ſcélérats, qu'on ſçait être capables des
plus affreuſes cruautés, ne m'aſſommaſſent
dans ce ſouterrain. Quand je fus au bas
de l'échelle, le Chef, me tenant toujours
par la main, guida mes pas tremblans
ſous une voûte obſcure. Ces ténebres re-
doublant ma crainte, il s'apperçut que je
friſſonnois : ,, Ne crains rien, me dit-il, tu
,, es avec d'honnêtes gens deſquels tu n'as
,, rien à redouter, pourvu que tu ſois fi-
,, dèle & diſcret. Tu vas bientôt voir des
,, objets qui diſſiperont tes allarmes ,,.
Après avoir marché pendant quelques
minutes dans ce ténébreux manoir, la lumiere de pluſieurs lampes me fit découvrir une vaſte Salle ornée d'anciennes pein-
tures à la moſaïque, & garnie d'une multitude de figures en bas relief, de Dieux,
de vaſes, & de différens animaux que les
Payens avoient coutume d'offrir en ſacri-
fice à leurs Divinités. Il y avoit auſſi un
Autel taillé dans le roc, ſur lequel étoit
la Statue de Saturne. Des repréſentations
de victimes humaines, qui garniſſoient
les environs de l'Autel, me remplirent
d'horreur, & ne me laiſſerent aucun lieu
de douter que ce ſouterrain n'eût été au-

trefois confacré aux abominables myftè-res dans lefquels les Druides, Prêtres des anciens Gaulois, immoloient des hommes à cette nouvelle Divinité. Je fis d'abord réflexion qu'un lieu qui avoit été fouillé par tant d'inhumanités, étoit bien digne de fervir de retraite à des fcé-lérats qui trempoient tous les jours leurs mains dans le fang de ceux qu'ils voloient. Après avoir traverfé cette Salle, j'entrai avec mon guide dans un Sallon riche-ment meublé, fans doute des dépouilles que ces voleurs avoient enlevées dans les Châteaux & Maifons de campagnes des environs. Il y avoit outre cela plufieurs chambres & cabinets, dans l'un defquels je vis un monceau de vafes facrés d'or & d'argent, de vaiffelle, de montres, taba-tieres & autres bijoux, plufieurs coffres remplis de pierreries, d'or & d'argent monnoyé. Toutes ces richeffes que le Chef me fit voir pour m'éblouir & me faire prendre goût au métier auquel il me deftinoit, ne firent qu'augmenter ma frayeur, en me faifant connoître combien j'avois à craindre en leur compagnie. Si ces malheureux, me difois-je à moi-même, n'attentent pas à ma vie, eft-elle en fûreté tant que je ferai avec eux? Il n'est pas possible qu'après tant de vols, les Maréchaussées ne soient aux aguets pour les arrêter. S'ils viennent à être découverts, & qu'on me trouve dans leur bande, ne me croira-t-on pas complice de leurs crimes, & tout ce que je pourrai alléguer pour ma justification, pourra-t-il me soustraire à l'ignominie d'une mort publique? J'étois plus occupé de ces tristes pensées, qu'à examiner toutes les choses précieuses que ce chef étaloit à mes yeux avec vanité. ,, Ce que tu ,, viens de voir, me dit-il, est capable ,, de contenter l'avidité que les hommes ,, ont naturellement pour les richesses; ,, mais comme cela ne suffit pas pour ,, être heureux, je vais te prouver que ,, nous jouissons de tous les plaisirs qui peuvent rendre la vie agréable ,,. Il ouvrit ensuite une autre Salle ornée avec magnificence: je fus frappé, en y entrant, de voir une douzaine de femmes, dont plusieurs paroissoient bien contentes, les autres avoient la douleur & la tristesse peintes sur le visage; mais elles étoient toutes fort aimables. ,, Voilà, me dit-,, il, de quoi faire passer bien des mo-,, mens délicieux; tu en goûteras comme ,, nous. Nous vivons sans jalousie; il n'y

„ a point de préférence parmi nous.
„ Quoique je fois le Capitaine de notre
„ compagnie, je n'ai fur cet article pas
„ plus de prérogatives que les autres ;
„ c'eft le feul moyen que j'ai imaginé de
„ bannir de notre fociété les diffenffions
„ & les querelles qui naiffent de l'atta-
„ chement qu'on a pour les femmes.
„ Celles-ci font toutes à chacun de nous ;
„ tous les foirs nous tirons au fort, &
„ nous paffons la nuit avec celle qui nous
„ eft échue. Mefdemoifelles, s'écria-
„ t-il, en adreffant la parole à ces mal-
„ heureufes victimes de leur lubricité,
„ voici un nouveau mari que je vous
„ amene ; je crois que vous ne le trouve-
„ rez pas indigne de votre tendreffe ».
Cinq ou fix de ces filles témoignerent par
un fourire, la joye qu'elles reffentoient
d'avoir un nouveau galant, pendant que
les autres baifferent les yeux en foupirant
triftement. Leur affreufe deftinée me
toucha fenfiblement ; car leur trifteffe me
fit connoître que c'étoit malgré elle
qu'elles menoient une vie fi horrible.
Pendant que j'étois dans ces affligeantes
réflexions, une vieille femme vint avertir que le fouper étoit fervi. » Allons,
» me dit le Chef, viens, mon ami : fi

» tu as bon appétit, tu pourras te fatis-
» faire par la variété & la qualité des
» mets, & tu feras contraint d'avouer
» que jamais tu n'as fait fi bonne chere ».
Il me conduifit après cela dans un grand
fallon où je vis une table de vingt-quatre couverts en vaiffelle d'argent, & couverte d'une multitude de plats de gi-
bier, de volaille & enfin de tout ce qu'on
pouvoit defirer. Mon étonnement augmentoit à chaque inftant, à mefure que
je découvrois de nouveaux fujets de furprife. Je ne pouvois comprendre comment, dans ce fouterrain, il étoit poffible d'accommoder auffi parfaitement
que ce repas paroiffoit l'être. Le vin répondoit à la bonne chere ; enfin, rien ne
manquoit ; & , fi j'avois été dans une
autre compagnie & dans une difpofition
d'efprit plus tranquille, j'aurois pu me
régaler à merveille ; mais j'avois le cœur
trop ferré, & , quelques inftances que
m'en fît le Capitaine , il me fut impoffible de manger. Pour ce qui eft des voleurs , ils s'en acquitterent au mieux.
Quand le repas fut fini , le Capitaine
prit douze cartes, fur lefquelles il mit le
nom des douze filles ; il écrivit auffi fur
douze autres les noms des dix voleurs, le

H v

sien & le mien : (il m'avoit nommé *Sans peur*). Il mit les douze cartes des douze filles, dans un vase d'or, & celles des hommes dans un autre. La vieille, qui avoit servi pendant le souper, prit ces deux vases, &, après les avoir agités, elle tira de celui des hommes une carte, & de celui des femmes un autre. La fille & le voleur, dont les noms avoient été tirés en même tems, furent destinés à passer la nuit ensemble. Tel étoit la cérémonie de ces mariages, qui ne duroient qu'une nuit. Cette vieille femme tira successivement les vingt-quatre cartes. La fille qui me tomba en partage, étoit une de celles qui paroissoient supporter impatiemment cette malheureuse destinée. On nous mena après cela dans une espèce de corridor, éclairé de plusieurs lustres de cristal. Il y avoit à droite & à gauche de petites chambres taillées dans le roc, meublées avec la derniere propreté. Le Chef nous conduisit, cette fille & moi, dans une, &, après avoir allumé une bougie qu'il nous laissa, il se retira en nous souhaitant bien du plaisir, & ferma la porte en dehors. Nous ne fûmes pas plutôt seuls, que cette infortunée jetta de profonds soupirs, en me regardant avec une inquiétude mêlée de crainte. L'état dans lequel je me trouvai, étoit encore plus triste que le sien. Nous restâmes assez long-tems assis chacun sur une chaise, sans oser dire une seule parole. Enfin, me faisant effort, » Il n'est » pas surprenant, Mademoiselle, lui » dis-je, que, ne faisant que d'arriver dans » cet horrible séjour, & qu'ayant été » traîné malgré moi, vous me voyiez » troublé au point que je le suis; mais » vous qui paroissez y être depuis un cer- » tain tems, & pour qui ce genre de vie » ne doit plus être nouveau, je ne com- » prends pas ce qui peut aujourd'hui cau- » ser vos allarmes? Hélas! me répon- » dit-elle, quoiqu'il y ait près de trois » mois que je fois ensévelie dans cette » espèce de sépulcre, je ne puis me faire » à la vie que je suis forcée d'y mener. » Quand on a reçu une certaine éduca- » tion, & qu'on a des sentimens, peut- » on s'accoutumer à servir de victime à » la brutalité des hommes ». Elle ne put en dire davantage; un ruisseau de lar- mes, & mille soupirs lui étoufferent la voix. Je fus touché jusqu'au fond du cœur de voir une personne si aimable, & qui paroissoit bien née, dans une situa-

tion si indigne. ,, Rassurez-vous, Made-
,, moiselle, lui dis-je, vous n'avez rien
,, à craindre de moi ; je sçais trop les
,, égards que les hommes doivent à vo-
,, tre sexe, & sur-tout à une personne aussi
,, méritante que vous paroissez l'être,
,, pour vouloir profiter de l'affreuse extré-
,, mité où vous vous trouvez réduite.
Cette pauvre fille fut si consolée de l'assurance que je venois de lui donner,
qu'elle se jetta avec transport à mes genoux pour m'en remercier. Je la rele-
vai & lui réiterai ma promesse. Ensuite,
la voyant un peu plus tranquille, je lui
dis de quelle façon j'étois tombé dans la
compagnie de ces voleurs, & je la priai
de me raconter aussi par quel malheur
elle se trouvoit en leur pouvoir. » Ma
,, mere, dit-elle, femme d'un riche Né-
,, gociant de L..... m'avoit menée à
,, une maison de campagne qu'elle avoit
,, à quelques lieues de la Ville, pour y
,, jouir des plaisirs innocens que les ven-
,, danges font goûter. Il y avoit quinze
,, jours que nous y étions, lorsque ces
,, voleurs vinrent y fondre. Ils com-
,, mencerent par massacrer à mes yeux
,, ma mere, & tous nos Domestiques ;
,, ils pillerent la maison, en enleverent

„ l'argenterie & les meubles les plus
„ précieux, & m'entraînerent avec eux
„ dans ce souterrain. Leur cruauté n'é-
„ pargne ordinairement ni l'âge, ni le
„ sexe, & ils m'auroient immolée à leur
„ barbarie aussi-bien que ma mere, s'ils
„ n'avoient eu besoin de moi. Pour vous
„ mettre au fait de ce que je vous dis, il
„ faut que vous sçachiez qu'ils ne sont ja-
„ mais que douze hommes & autant de
„ femmes. Quand une de leurs femmes
„ meurt, ou que le dégoût qu'ils conçoi-
„ vent pour elle, les engage à s'en dé-
„ faire, ils en cherchent une à leur gré
„ qu'ils enlevent. Apparemment que
„ j'eus le malheur de leur plaire, puis-
„ qu'ils m'ont conservé une vie qui m'est
„ mille fois plus insupportable que la
„ mort la plus affreuse; mais j'espere
„ que bientôt ils m'en délivreront; car
„ ce n'est jamais qu'à la derniere extré-
„ mité qu'ils viennent à bout d'assouvir
„ sur moi leur brutalité. Ils ne tarderont
„ pas à se rebuter de ma résistance conti-
„ nuelle à leurs infâmes desirs, & leur
„ passion se convertissant en rage, ils me
„ poignarderont comme deux infortu-
„ nées Demoiselles que j'ai vu périr en-
„ tre leurs mains depuis que j'habite cette

,, abominable demeure. Je n'aurois pas
,, différé à me délivrer d'un si horrible
,, supplice, si les sentimens de Religion
,, qu'on a eu soin d'inculquer fortement
,, dans mon ame, dès ma plus tendre en-
,, fance, ne me défendoient d'attenter
,, sur moi - même. Malgré cela, j'é-
,, prouve des momens si critiques, que
,, j'aurois succombé sous mon désespoir,
,, si le défaut d'armes ne m'avoit empê-
,, chée d'abréger moi-même mes tristes
,, jours.

,, Ces voleurs jurent avec les plus exé-
,, crables sermens, non seulement de ne ja-
,, mais découvrir leurs complices, si quel-
,, ques-uns venoient à être pris, mais en-
,, core de ne se jamais rendre, & de com-
,, battre jusqu'à la mort, ou du moins jus-
,, qu'à ce que, tombant de leurs blessures,
,, ils ne puissent plus résister. Aussi, depuis
,, que je suis parmi eux, n'y en a-t-il point
,, eu d'arrêtés, quoiqu'ils ayent été plu-
,, sieurs fois attaqués par la Maréchaussée,
,, & qu'ils ayent eu trois hommes de tués.
,, Quand un de leurs camarades est mort,
,, ils cherchent quelque vaurien pour se
,, l'associer. La vie libertine & infâme que
,, ces scélérats menent, plaît bientôt à ce
,, nouveau brigand. Ils lui font faire les

» fermens uſités entr’eux, &, pendant plu-
» fieurs jours, ils ne le laiſſent ſortir qu’a-
» vec trois des plus anciens, tant pour lui
» apprendre ſon métier, que pour s’aſſu-
» rer de lui. Pour peu qu’ils doutent de ſa
» fidélité, ou qu’ils s’apperçoivent qu’il ait
» deſſein de s’évader, ils lui brûlent la
» cervelle, & en cherchent un autre.
» Quand ils croyent pouvoir ſe fier à lui,
» & qu’il a profité des leçons de ſes Maî-
» tres, ils ceſſent de prendre contre lui
» des meſures. Le Chef eſt choiſi par rang
» d’ancienneté. Il ya plus de deux cents
» ans que cette troupe ſe perpétue ainſi.
» Tous les jours il y a deux de ces malheu-
» reux qui ſont chargés d’aller acheter les
» proviſions, tantôt dans un lieu, tantôt
» dans un autre. Je n’ai pas encore pu
» trouver l’occaſion de me ſauver de cet
» horrible ſéjour ; car, quand ces aſſaſſins
» ſortent, ils retirent l’échelle, & il n’eſt
» pas poſſible de monter au trou qui.
» eſt très-élevé.

» Il y a trois jours que le plus ancien
» de la troupe a été tué d’un coup de piſ-
» tolet, en attaquant un Officier qui paſſoit
» dans la forêt. C’eſt pour le remplacer,
» qu’on vous a forcé à venir ici. Prenez gar-
» de à vous : votre vie n’eſt point en ſûreté,

» &, si vous ne dissimulez avec bien de
» l'adresse, ces barbares vous massacre-
» ront.

Ce récit me remplit d'horreur. Je vis
plus clairement que je n'avois fait, à
quel danger j'étois exposé. D'ailleurs,
la situation de cette malheureuse Demoiselle m'affligeoit sensiblement. Je desirois trouver jour à me délivrer avec elle
d'une compagnie si exécrable ; mais tous
les efforts de mon imagination ne m'en
fournirent aucun. J'avois encore une autre
inquiétude : c'étoit la douleur que mon
Maître devoit ressentir de ne me point
voir revenir. Que pense-t-il de moi, me
disois-je à moi-même ? il ne me connoît
point ; jamais je ne lui ai dit mon véritable nom, pour m'épargner la honte
dont j'aurois été couvert, de me trouver
dans une condition si humiliante, quand
on auroit connu que j'étois né pour un
état plus honnête. Ne croira-t-il pas que,
pour le voler, j'ai fait périr sa fille ?
Cette triste réflexion me troubloit ; elle
m'afflige encore, & il me tarde bien d'ê-
tre à portée de le détromper. Cessez,
dit Léonce, d'être inquiet à ce sujet. Je
sçais que le Marquis vous a toujours rendu justice. Quoiqu'il ne connût point d'où

vous fortiez, il avoit remarqué en vous tant de fidélité & de probité, qu'il n'a jamais formé contre vous le moindre foupçon. Vous me foulagez, Monfieur, répondit Duparc, d'un grand fardeau, & je vais continuer ma narration avec bien plus de liberté.

Cette infortunée Demoifelle, me voyant plongé dans le plus mortel chagrin : ne nous laiffons pas, dit-elle, accabler par nos triftes réflexions, & tâchons de profiter de ces précieux momens pour nous arracher, s'il eft poffible, d'entre les mains de ces fcélérats ; car, fi nous laiffons perdre cette occafion, peut-être ne la retrouverons nous jamais ; & que le fort ne nous réunira plus. Hélas ! lui répondis-je, je le fouhaite avec le plus vif empreffement; mais, comment faire pour y parvenir ? La porte eft fermée fur nous, & , fi je fais le moindre bruit pour la forcer, j'éveillerai ces inhumains qui nous maffacreront impitoyablement. N'avez-vous pas, dit-elle, quelqu'inftrument de fer ? Le roc eft tendre : vous pourriez en peu de tems, fans faire de bruit, grater les environs des gonds qui y font fcellés. Tous les voleurs font endormis profondément.

Je connois parfaitement les détours du souterrain : l'échelle est en dedans, nous pourrons nous évader sans que qui que ce soit s'en apperçoive. Je fouillai dans mes poches ; j'y trouvai mon couteau & des cizeaux qu'on avoit négligé de m'ôter. J'examinai le roc ; je vis que le projet de cette Demoiselle étoit praticable. Je me mis à travailler avec ce couteau, pendant que cette malheureuse fille travailloit avec les ciseaux. Nous nous y portâmes avec tant d'ardeur, que nous parvînmes à déraciner les gonds. Cette premiere opération faite, j'ouvris la porte avec le moins de bruit qu'il me fut possible. Ma compagne guida mes pas. Quand nous fûmes à l'endroit où étoit le trésor, nous prîmes à la hâte chacun un petit coffret rempli de pierreries, & quelques poignées de louis d'or. Je dressai l'échelle au trou ; j'y montai le premier pour pousser la pierre qui le fermoit. La Demoiselle me suivit. Avant que le jour parut, nous nous vîmes dehors. Je tirai l'échelle, afin que ces voleurs ne pussent pas nous poursuivre. Je la cachai sous des broussailles, & nous quittâmes, le plus promptement que nous pûmes, un lieu si funeste.

Quand nous fûmes un peu éloignés, je voulus, à la petite pointe du jour, quitter cette Demoifelle, pour aller voir mon frere, & m'informer de ce que feroit devenue la fille de mon Maître. Elle me conjura avec tant d'inftances de ne pas la laiffer feule, expofée à de nouveaux dangers, après l'avoir délivrée d'une fi horrible fituation, que je ne pus me défendre de l'accompagner jufqu'au premier Village, où elle pourroit avec de l'argent trouver des commodités pour retourner chez fon pere. Elle étoit fi foible, que j'étois obligé de la porter de tems en tems pour la délaffer; ce qui retardoit beaucoup notre marche, de forte qu'il étoit grand jour que nous étions encore dans la forêt. Environ fur les huit heures du matin, nous entendîmes plufieurs perfonnes qui marchoient. Nous ne pouvions les appercevoir à caufe de l'épaiffeur des branches & des feuillages. Ma compagne crût que c'étoient ces voleurs qui couroient après nous : elle en fut fi effrayée, qu'elle s'enfuit dans le plus fort du bois, avec tant de précipitation, que je ne pus l'arrêter. Quoique je ne viffe gueres d'apparence que ce pût être ces fcélérats, puifque la précaution que j'avois prife de tirer l'échelle en dehors, me garantiſſoit de leur pourſuite, je n'étois pas ſans inquiétude. J'héſitois ſur le parti que je devois prendre, lorſque je vis paroître une troupe d'hommes, qui étoit ſi près de moi, que je pus les reconnoître, à leur uniforme, pour une compagnie de ſoldats de Marine. Je me raſſurai, & j'appellai ma compagne, en lui diſant qu'il n'y avoit rien à craindre pour elle. Elle ne m'entendit point. Je voulus m'enfoncer dans le bois pour la chercher. L'Officier, qui commandoit cette troupe, croyant que j'étois un voleur qui, intimidé à leur aſpect, vouloit les éviter, me cria d'arrêter, ſans quoi, il alloit faire tirer ſur moi. Je conçus d'abord quelle étoit ſa penſée. Pour le détromper, je m'avançai vers lui poliment. Il me fit mille queſtions qui me confirmerent qu'il étoit perſuadé que j'étois un voleur. Je lui racontai ingénument tout ce qui m'étoit arrivé depuis le jour précédent, & mon évaſion avec cette Demoiſelle. Il fut ſi étonné de ce que je lui apprenois, qu'il ne voulut point y ajoûter foi, à moins que je ne le conduiſiſſe moi-même ſur les lieux. Je m'offris à le ſatisfaire. Nous com-

mençâmes par chercher cette malheureufe Demoifelle. Nos perquifitions furent vaines, & je n'en ai jamais entendu
parler depuis. Ne pouvant la trouver,
l'Officier ne douta plus que je ne fuffe
un impofteur ; il me le reprocha. Je l'affurai avec ferment que je ne lui avois rien
dit que d'exactement vrai. » Si cela eft,
» me dit-il, montre - nous donc la retrai-
» te de ces brigands ». Je les menai près
de la route que j'avois tenue en me fau-
vant, autant qu'il me fut poffible de la
remarquer. Je les fis errer pendant plus
de fix heures, fans pouvoir reconnoître
le rocher. Enfin, l'Officier, perdant
patience, » Tu es un fourbe, me dit-il :
» tu ne m'en as impofé par tes contes faits
» à plaifir, qu'afin de trouver l'occafion
» d'échapper de mes mains. Je vois bien
» que je ne me fuis pas trompé, en te
» prenant pour un brigand qui attendoit
» quelque paffant pour le voler. Je de-
» vrois te livrer à la Juftice, & te faire
» punir ; mais j'ai befoin de monde pour
» completter ma compagnie : ainfi, il
» faut que tu marches de gré ou de for-
» ce. Si tu ne veux pas devenir honnête
» homme, je fçaurai bien t'y contrain-
» dre ». J'eus beau l'affurer que je n'é-

tois pas ce qu'il penſoit ; que j'étois au ſervice de Mr. le Chevalier de N . . . . & que je le priois de me mettre entre les mains de la Juſtice, ſçachant bien que je n'en avois rien à craindre : tout fut inutile. Je fus obligé de marcher avec ſa compagnie qui, au bout de quelques jours, fut embarquée à l'Orient, pour être tranſportée à Pondichery. Me voyant ſoldat malgré moi, je fis de néceſſité vertu. Je m'attachai à en remplir les devoirs avec tant d'exactitude, qu'on n'eut jamais le moindre reproche à me faire. Ma conduite fit l'effet que je m'étois propoſé. Le Capitaine revint bientôt de l'opinion déſavantageuſe qu'il avoit conçue de moi. Perſuadé, par ma façon d'agir & par mes ſentimens, que j'étois tout différent de ce qu'il avoit penſé, il s'efforça, par bien des attentions, de me faire oublier la violence qu'il m'avoit faite. Il parla de moi, en bons termes, à tous les Officiers du Vaiſſeau, qui me diſtinguerent du reſte des ſoldats qui n'étoient preſque que de la plus vile canaille. Je ſçavois écrire paſſablement & tenir des livres. J'offris mes ſervices, on les accepta. Je fus d'un grand ſecours à l'Ecrivain du Navire.

Plusieurs Officiers, qui étoient charmés d'avoir leur Journal en bon ordre, m'apportoient tous les jours leurs observations que je mettois au net. Ils m'offroient de me récompenser ; je ne voulus jamais rien accepter. Ce désintéressement les rendit encore plus ardens à me vouloir du bien. Ils me promirent tous de me recommander au Directeur de Pondichery, & de l'engager à me donner de l'emploi. Mon Capitaine me donna parole, que, sitôt que nous serions à terre, je cesserois d'être soldat. » De la » façon, me dit-il, dont je vois que les » choses tournent, vous ne me sçau- » rez pas mauvais gré de vous avoir » contraint à vous embarquer ; car je pré- » vois que vous vous tirerez d'affaire » dans l'Asie, bien plus avantageuse- » ment que vous n'auriez pu faire en » Europe ».

Notre navigation fut la plus heureuse qu'on pouvoit desirer. Je ne vous ferai point le détail des circonstances de ce voyage, & des différens endroits où nous avons mouillé pour faire aiguade. Comme il ne nous est rien arrivé de particulier, & qu'on a imprimé mille relations de ce trajet, ce seroit allonger inutilement ma narration. Dès que nous fûmes à terre, les Officiers me présenterent au Directeur du Comptoir de la Compagnie des Indes, & l'engagerent à m'employer. Il me donna, à leur sollicitation, un emploi assez modique qui se trouva vacant, & il me promit de m'avancer, à mesure qu'il auroit lieu d'être content de mon travail.

Deux raisons m'avoient obligé à ne dire à personne que j'eusse de l'or & des pierreries. La premiere étoit la crainte d'être volé. J'appréhendois en outre que, si on le découvroit, cela ne servît à confirmer le soupçon qu'on avoit formé que j'étois un voleur. Quelque tems après que je fus installé dans mon emploi, & quand je me fus mis au fait du commerce du Pays, je priai le Directeur de me permettre de faire, pour mon compte, quelque trafic. Il me dit que, quoique ce ne fût pas beaucoup la coutume, il étoit si content du zèle avec lequel je m'acquittois de l'emploi qu'il m'avoit confié, qu'il vouloit bien y consentir pour m'en récompenser, en attendant qu'il y eût quelque place plus considérable, dont il pût disposer en ma faveur. Satisfait

Satisfait , autant qu'on le peut être , d'une réponse si obligeante , je me défis de mes pierreries. Il y en avoit pour dix mille écus. J'avois , outre cela , quatre mille livres en or. J'employai cette somme en marchandises , sur lesquelles je fis un gros profit. Au bout de quelques années , je devins assez riche pour me passer du commerce. Je desirois même revenir en France ; mais le Directeur m'offrit un emploi si avantageux , que j'en fus tenté ; je l'acceptai. Les appointemens & le bénéfice de ce nouveau poste étoient si forts , que , quand mon trafic ne m'auroit pas déja mis dans l'opulence , je pouvois , dans cette place , faire en quinze ans une fortune brillante. Il y avoit déja huit ans que j'étois à Pondichery , quand le Directeur me confia cet emploi. Pendant six ans que je le possédai , j'amassai autant de bien que mon commerce m'en avoit déja produit. Enfin , l'amour de la Patrie , me pressant vivement de repasser en France , je me déterminai à en suivre les mouvemens , malgré les efforts que ce Directeur , qui m'affectionnoit beaucoup , me fit pour me retenir en Asie. Je profitai d'un Vaisseau chargé pour le compte de la Compaghie des Indes, qui étoit prêt à faire voile. Je m'embarquai dessus avec mes richesses, & je suis arrivé, sans accident, au Port de l'Orient il y a quelques jours. J'ai fait mettre mes effets sur un petit Vaisseau qui me les a transportés à Rouen. Voilà, Messieurs, ce que vous avez desiré sçavoir. Vous comblez mes vœux, en m'apprenant que la fille du Marquis de C.... vit, & en me promettant de me conduire où est mon cher frere. Quelle consolation ne sera-ce pas pour moi de l'embrasser après une si longue absence, & de partager mon bien avec lui ! Je suis prêt à vous suivre ; je ne vous demande que deux heures pour me préparer à ce départ. Faites-moi, s'il vous plaît, la grace de m'attendre, & je vous rejoins avec empressement.

Léonce le remercia de la complaisance qu'il avoit eue de satisfaire sa curiosité. Cher Duparc, lui dit-il : Votre situation dans la caverne des voleurs m'a extraordinairement allarmé. Il me tardoit de vous voir délivré de leurs mains barbares ; & rien ne peut vous exprimer la satisfaction que j'ai ressentie, en apprenant combien la fortune vous a favorisé à Pondichery. Sylvie, votre frere &

Tonton n'en auront pas moins à apprendre de vous-même cet heureux évènement. Mais, comme la journée eſt avancée, il n'y a pas d'apparence que nous puiſſions partir aujourd'hui pour les aller trouver. Employez donc ce qui en reſte à vos affaires, & demain, dès le point du jour, nous nous mettrons tous en route pour nous y rendre. Duparc ſe retira donc, avec promeſſe de les venir prendre, dès le matin, dans ſon équipage. Termileck & Léonce s'entretinrent, juſqu'au ſouper, de la ſingularité de ces aventures. Ils admiroient ſur-tout cet enchaînement d'évènemens, qui avoit été conduit par une cauſe ſecrette & inconnue, avec tant d'art, que Duparc ſe trouvoit de retour des Indes, juſtement dans le tems que les ſoupçons qu'ils avoient formés que Sylvie pouvoit être la fille du Marquis, demandoient ſa préſence pour les éclaircir. Léonce ne pouvoit auſſi contenir la joie qu'il reſſentoit d'une rencontre ſi favorable à ſes deſirs. Que je ſuis bien dédommagé, mon cher, diſoit-il à Termileck, des maux que j'ai ſoufferts, par le plaiſir que me cauſe cette heureuſe nouvelle! Je ne vois plus à préſent d'obſtacle à mon bonheur. Le Comte mon pere m'aime véritablement. Jamais il ne se feroit opposé à ma félicité, si son entêtement pour la grandeur de sa Maison ne lui eût fait regarder mon union avec Sylvie, comme une tache qui en terniroit le lustre. A présent que la naissance de cette adorable personne n'est plus incertaine, le Comte se fera un sensible plaisir de me rendre le plus fortuné de tous les hommes, en consentant à mon hymen avec elle. Le Marquis de C... de son côté, ravi de retrouver cette chere fille qu'il a tant pleurée, & de la retrouver si accomplie, sera charmé de contribuer à son bonheur par une union qui comblera ses desirs.

Termileck ressentoit le contentement de son ami avec autant de vivacité que le sien propre. De son côté, il avoit sujet d'esperer que le Milord son pere ne désapprouveroit pas son amour pour Dona Théodora, qui en tout lui étoit assortie. Aussi-tôt que cette belle personne le lui permettroit, il étoit résolu de s'en ouvrir au Milord, & de le prier de vouloir bien la demander à son Tuteur. Ces tendres Amans s'entretinrent de leurs cheres Amantes jusqu'au souper, après lequel, ils se coucherent pour être en état de partir le lendemain de bonne heure.

Duparc ne manqua point à se trouver à leur Hôtel dès le point du jour. Les deux Amans monterent dans son carrosse, & ils partirent avec l'empressement que leurs différentes passions excitoient en eux. Ils devoient passer, pour se rendre à la Terre de Sylvie, par la Ville de L..... d'où étoit cette Demoiselle que Duparc avoit retirée d'entre les mains des voleurs. Quand ils y furent arrivés, il s'informa d'elle. Il apprit avec plaisir qu'elle vivoit. Il lui écrivit aussi-tôt pour lui demander la permission de lui aller rendre ses devoirs, & chargea un de ses gens de lui rapporter sa réponse sur le champ. La joie qu'elle ressentit de sçavoir son Libérateur si proche fut si vive, que, ne faisant point d'attention que sa démarche n'étoit point tout-à-fait dans les régles de la bienséance, elle vint elle-même, avec les Domestiques, à l'Auberge où nos trois amis étoient descendus. Dès qu'elle fut entrée dans l'appartement qu'ils occupoient, elle se jetta au col de Duparc qu'elle reconnut malgré la longueur de l'absence. Elle étoit si transportée, qu'elle le tint long-tems embrassé sans parler. Duparc étoit aussi très-sensible aux marques qu'elle lui donnoit de sa reconnoissance ; mais, comme il étoit plus maître de ses sens que cette Demoiselle, il prit le premier la parole: Je suis ravi, lui dit-il, Mademoiselle, de vous revoir en bonne santé ; car votre subite disparition m'a beaucoup allarmé, sur-tout quand, après vous avoir cherchée long-tems, je n'ai pu découvrir ce que vous étiez devenue. Mais, puisque le Ciel vous a préservée des malheurs que je craignois pour vous, faites-moi le plaisir de me dire ce qui vous est arrivé depuis notre séparation. Puis, voyant qu'elle hésitoit à le satisfaire, à cause de Léonce & de Termileck qu'elle ne connoissoit pas : Ne craignez pas, lui dit-il, de vous ouvrir devant ces Messieurs. Ils prennent plus de part que vous ne pensez à ce qui vous regarde. Je leur ai déja raconté vos premiers malheurs, auxquels ils ont été très-sensibles. Ne refusez donc pas de nous apprendre comment vous êtes sortie de ce funeste bois.

Je vous ai tant d'obligation, lui dit-elle, que je me crois obligée de faire ce que vous exigez. La frayeur, dans la-

quelle le bruit que j'avois entendu, m'a-
voit jettée, fut si vive, qu'elle ranima
mes forces épuisées. Je courus dans la fô-
rêt long-tems sans m'arrêter ; mais enfin,
n'en pouvant plus, & ayant apperçu un
gros arbre dont le tronc étoit creux, je
me fourrai dedans, & j'y restai, sans oser
remuer, jusqu'à la nuit close. Quand
d'épaisses ténebres eurent couvert la terre, & que je crus n'avoir rien à craindre
des voleurs, parce que je sçavois qu'ils
ne battoient point le bois pendant la nuit,
je me dégageai de mon arbre, je mar-
chai au hasard & sans sçavoir quelle route tenir. Au point du jour, je me vis heureusement hors de la forêt & près d'un
Village dans lequel je me rendis. Il
étoit tems que je reçusse du secours. Une
si longue fatigue, sans prendre d'alimens,
m'avoit si fort épuisée, que, deux heures plus tard, je serois tombée de foiblesse. Je restai dans ce Village jusqu'au len-
main matin. Je me fis accommoder une
voiture couverte, & pris six robustes
Paysans armés pour m'escorter jusqu'ici.
Je trouvai, à mon arrivée, mon pere
encore abattu de la douleur que la mort
de ma mere & ma perte lui causoient.
Ma présence calma un peu sa profonde

triſteſſe. Il me reçut avec une tendreſſe
qui affoiblit le ſentiment de mes malheurs. Je lui fis le récit de toutes les abo-
minations que j'avois eſſuyées, & dont
j'avois été témoin. Il en fut ſi fort indigné, qu'il jura d'en tirer vengeance, &
de faire exterminer tous ces ſcélérats.
Le Grand-Prévôt de la Province étoit
de ſes amis: il lui confia tout ce qu'il
avoit appris de moi, & n'eut pas de peine à le déterminer à purger la terre de
ces monſtres. La plus grande difficulté
étoit de découvrir leur retraite. Quand
j'y aurois été moi-même, je n'aurois pu
retrouver l'entrée du ſouterrain. Tout ce
que je pus faire, fut de donner au Prévôt toutes les indices que j'avois remar-
qués. Il fit battre la forêt, pendant pluſieurs jours, par la plus grande partie
de la Maréchauſſée qui étoit ſous ſes ordres. Pendant huit jours, leurs perquiſi-
tions furent vaines. Enfin un ſoir, un de
ces brigands tomba preſque entre les
mains d'une brigade. Il ſe ſauva néanmoins, à la faveur des petits ſentiers
dont ce bois étoit coupé, & qui n'étoient
pas praticables pour des hommes de cheval. Deux Cavaliers mirent pied à terre,
& ſuivirent ce voleur ſans le perdre de

vue. Ils le virent defcendre par le trou dans fa retraite. Ils raffemblerent, avec leurs fifflets, toutes les brigades répandues dans la forêt. Mais quand elles furent autour du rocher, aucun ne voulut fe hafarder d'y defcendre. Il y auroit même eu de la témérité à le tenter : car, quand ils auroient été dix mille hommes, ne pouvant defcendre que l'un après l'autre, les voleurs les auroient tous tués avec la derniere facilité. Ils avertirent le Prévôt de la découverte qu'ils avoient faite, & le prierent de fe rendre dans le bois, pour voir par lui-même le parti qu'il falloit prendre. Il y vint, & , après avoir tout examiné, il dit qu'on ne les pouvoit dompter que par la faim. Il donna ordre à douze brigades des environs de monter, tour à tour, la garde autour du rocher, c'eft-à-dire trois brigades pâr jour, & de faire le moins de bruit qu'ils pourroient. Trois jours fe pafferent fans que perfonne parût au trou. Mais au quatriéme, à la petite pointe du jour, un des voleurs fortit : ils fe faifirent de lui : on l'amena, pieds & mains liées, au Prévôt qui, ni par promeffes, ni par menaces, ni par la queftion ordinaire & extraordinaire, ne put tirer de

I y

lui le moindre éclairciſſement. Tous les jours, il en ſortoit un qu'on arrêtoit de même, & qu'on ne pouvoit faire parler. Enfin, lorſqu'ils furent tous ſucceſſivement ſortis, comme on ſçavoit qu'ils n'étoient jamais que douze, on deſcendit ſans crainte dans le ſouterrain. On y trouva des marques ſanglantes de la rage & de la barbarie de ces ſcélérats. Ces cruels avoient poignardé toutes les malheureuſes qui ſervoient à leurs plaiſirs brutaux. On fit expirer ces monſtres dans des ſupplices qui, quoiqu'horribles, ne l'étoient point encore aſſez pour leurs crimes. On retira de cette cave l'or & les choſes précieuſes qu'ils n'avoient pu briſer ni brûler; car, ſe voyant découverts, & n'eſperant pas pouvoir échapper, ils avoient détruit tout ce qui étoit fragile ou combuſtible. Après cela, on combla tout le ſouterrain, afin qu'à l'avenir, il ne pût plus ſervir d'aſyle à de pareils bandits. C'eſt ainſi que fut exterminée cette abominable troupe.

Cette affaire a fait beaucoup de bruit; &, malgré les précautions que mon pere & le Prévôt prirent pour empêcher que la part que j'y avois eue ne tranſpirât, tout le monde ſçut que j'avois ſervi de victime à la brutalité de ces voleurs. J'en fus si affligée, que je résolus de ne me point marier. Ce n'est pas que je craignisse qu'on pût me faire un crime d'une chose que je n'avois soufferte qu'avec la derniere violence ; mais, après avoir été dans les bras de ces scélérats, je me suis crue indigne de faire le bonheur d'un galant homme. Je me suis donc toujours opposée au dessein qu'avoit mon pere de m'établir, & j'ai refusé constamment vingt partis qui se sont présentés. Il y avoit six ans que j'étois rentrée chez mon pere ; je commençois à oublier mes malheurs, lorsque sa mort m'en renouvella le sentiment. Je fus infiniment sensible à cette perte. Rien ne pouvoit égaler la tendresse qu'il avoit pour moi, que celle que je ressentois pour lui. Pendant plus d'un an, je fus incapable de recevoir aucune consolation. Cependant le tems, qui est le plu salutaire remede aux maux les plus cuisans, adoucit un peu les miens. Je repris petit à petit ma premiere tranquillité. Sa mort m'avoit mis en possession de grands biens qui, plus que toute autre chose, attirerent chez moi beaucoup de soupirans. La même considération qui m'avoit détournée du mariage pendant la vie de mon pere, m'en a éloignée depuis. Quand on a vu que j'avois abſolument renoncé à tout engagement, on a ceſſé de me ſolliciter; & je vis depuis pluſieurs années aſſez paiſiblement. Voilà, Monſieur, ce que vous avez deſiré ſçavoir. J'eſpere, à mon tour, que vous me ferez l'honneur de venir dîner chez moi avec Meſſieurs vos amis, & que vous aurez la complaiſance de me raconter ce qui vous eſt arrivé depuis que je vous ai quitté.

Duparc, Léonce & Termileck accepterent ſa propoſition. Elle les conduiſit dans ſa maiſon qui étoit une des plus belles & des plus richement meublées de la Ville. Elle en fit les honneurs avec une politeſſe & des graces infinies. On y ſervit un dîner où la délicateſſe, le bon goût & la propreté ſe firent admirer. Les vins les plus fins égayerent la converſation pendant le deſſert. L'aimable Demoiſelle de Bonne-Foi (c'étoit ſon nom) y fit briller un eſprit ſi aiſé & ſi orné, que ſes hôtes en étoient enchantés : ſurtout Duparc qui, l'ayant vue dans une ſi affreuſe miſere, & ayant remarqué en elle les ſentimens les plus nobles, avoit

conçu pour elle une véritable estime. On
passe aisément de l'estime à l'amour. Mademoiselle de Bonne-Foi avoit tout ce
qu'il falloit pour en inspirer. Quoiqu'elle
ne fût plus dans la premiere jeunesse,
puisqu'elle avoit trente ans, elle étoit
encore extrêmement aimable. La fraî-
cheur de son teint, ses vives couleurs, son
embonpoint, ses traits réguliers & sa
riche taille en faisoient une personne digne de la tendresse d'un galant homme.
Duparc y fut sensible ainsi qu'aux charmes de son esprit. Quand deux personnes
de sexe différent se trouvent ensemble
dans des situations malheureuses, il se
forme entr'elles une mutuelle compas-
sion qui leur fait prendre réciproquement
part à leurs maux. De ce sentiment naît
une tendre confiance; elles s'ouvrent leurs
cœurs sans réserve: le rapport de malheurs produit en elles, sans qu'elles le
sçachent, un penchant secret, une disposition à s'aimer, qui éclate, lorsqu'un
sort plus heureux leur permet de donner
entrée dans leurs ames à la tendresse.
C'est ce que Duparc & Mademoiselle de
Bonne-Foi éprouverent. Le premier, qui
jusqu'alors n'avoit point ressenti les im-
pressions de l'amour, quoiqu'il eût qua-

rante-cinq ans, en fut ſi vivement pénétré, en découvrant dans cette Demoiſelle
tant de mérite, qu'il ne put cacher les
ſentimens de ſon cœur. Il la regardoit
d'un air tendre & paſſionné, qui fit connoître dès ce moment tout ce qui ſe paſſoit en lui. Mademoiſelle de Bonne-Foi
ſe ſentit auſſi véritablement épriſe pour
Duparc qui, outre le ſervice ſignalé qu'il
lui avoit rendu, en la retirant des mains
de ſes cruels bourreaux, n'avoit rien dans
ſa figure & dans le tour de ſon eſprit, qui
ne fût digne de l'attachement d'une perſonne méritante. Elle s'apperçut de la
douce langueur avec laquelle il la regardoit ; elle ne douta point qu'elle ne fût
l'effet de l'amour ; elle fut charmée d'une
découverte ſi favorable aux ſentimens de
ſon cœur. Cette connoiſſance, redou-
blant ſa gaieté, la rendit encore plus
charmante ; & le tendre Duparc ne pouvoit ſe laſſer d'avaler le délicieux poiſon
que l'amour verſoit dans ſon cœur par
les yeux de cette belle fille. Enfin, la
joie la plus pure regna dans ce repas, &
en fut le plus vif aſſaiſonnement. Quand
on eut deſſervi, Mademoiſelle de Bonne-
Foi pria Duparc de lui faire le récit de
ſes aventures. Il la ſatisfit, & finit ſa nar-

ration, en l'affurant que la fortune qu'il avoit faite aux Indes, le flattoit beaucoup moins que le plaifir de la voir. Que je ferois heureux, Mademoifelle, s'écria-t-il avec un tendre tranfport, fi je pouvois en jouir le refte de mes jours! Mademoifelle de Bonne-Foi lui répondit que la vue de fon Libérateur lui procureroit toujours une fatisfaction infinie. Puifque des affaires indifpenfables, dit Duparc, m'obligent à préfent à vous quitter, je vous prie, Mademoifelle, de me permettre de venir vous rendre mes devoirs, auffi-tôt qu'elles feront terminées. Pourrois-je vous refufer, lui dit-elle, Monfieur, vous à qui je dois la vie? Ma maifon, mon bien, tout ce que je fuis, & tout ce que je puis, eft à vous: difpofez-en comme de ce qui vous appartient. Mais, outre la vive reconnoiffance dont je fuis pénétrée pour vous, votre mérite fera toujours fuffifant pour me rendre fenfible à l'honneur que vous me ferez de me venir voir. Mademoifelle de Bonne-Foi fit auffi mille civilités à Léonce & à Termilek, auxquelles ils répondirent de la façon la plus galante; après quoi, ces trois Cavaliers prirent congé d'elle, & continuerent

leur voyage, pour arriver le foir chez
Sylvie. Pendant le chemin, Léonce &
fon ami qui avoient remarqué l'effet que
les charmes de Mademoifelle de Bonne-
Foi avoient fait fur Duparc, lui en firent
leur compliment. Elle eft bien aimable,
dit Termilek : fon efprit répond parfaitement aux graces répandues dans toute
fa perfonne, & elle mérite tout l'attachement d'un honnête homme. Ses malheurs ne doivent point infpirer de dégoût
pour elle. La femme du monde la plus
fage y eft expofée. Quand le cœur abhorre des chofes de cette nature, on n'en eft
pas moins digne d'eftime. La confternation dans laquelle vous avez trouvé
cette Demoifelle dans la caverne des voleurs, eft une preuve de l'affreufe violence qu'elle y fouffroit. Perfonne n'en
peut mieux juger que vous : ainfi, je
crois que vous n'aurez pas de répugnance
à l'époufer, fi vous la trouvez favorable
à vos vœux, comme je le fouhaite, &
comme j'ai cru le remarquer. Ah ! dit
Duparc, loin que fon féjour avec ces fcé-
lérats me dégoûte d'elle, c'eft ce qui me
la rend plus chere. J'ai vu moi-même
de quelle douleur elle a été frappée,
lorfqu'enfermée feule avec moi, elle a

pu penſer que je lui ferois outrage comme les autres, & avec quel tranſport de
joie & de reconnoiſſance elle s'eſt jettée
à mes genoux, pour me remercier de
l'aſſurance que je venois de lui donner
qu'elle n'avoit rien à craindre avec moi.
Cette action m'a fait concevoir la plus
haute idée de ſes ſentimens, & m'a rempli d'eſtime pour elle. Je n'ai pu la revoir aujourd'hui ſi charmante ſans l'aimer, & je me croirai trop heureux, ſi,
répondant à mon amour, elle conſent
au deſſein où je ſuis de l'épouſer. Ma
naiſſance eſt approchant égale à la ſienne ; mon bien n'en céde point à celui que
ſon pere lui a laiſſé. Je ſuis déja avancé
en âge ; elle n'eſt plus jeune. Enfin, il
ſemble que le Ciel nous ait formés l'un
pour l'autre. Mais je crains bien de n'a-
voir pas le bonheur de lui plaire. Cher
Duparc, dit Léonce, j'oſe vous aſſurer
que, ſi votre félicité dépend des ſentimens de cette Demoiſelle, vous êtes déja heureux. J'ai vu dans les regards qu'elle
vous lançoit, quelque choſe de tendre &
de paſſionné, qui ne peut être que le
fruit de l'amour. La reconnoiſſance ne
produit rien de ſi vif & de ſi animé.
Duparc étoit ravi de ce que ces deux

jeunes Seigneurs lui difoient qu'ils avoient remarqué que Mademoifelle de Bonne-Foi avoit conçu pour lui de tendres fentimens. Ils ne cefferent de s'entretenir d'elle jufqu'à leur arrivée chez Sylvie.

De quelles expreffions me fervirai-je, pour rendre les mouvemens de joie, de plaifir, d'agréable furprife & d'admiration dont Sylvie, le Marquis de C..... les deux Duparcs & Tonton furent animés à cette entrevue ? Convaincu de mon infuffifance, je n'entreprendrai point de les exprimer, de peur d'en affoiblir la vivacité. Le Lecteur fenfé fe les repréfente infiniment mieux que je ne pourrois le faire, en fondant fon propre cœur. Il y découvrira les fentimens dont il auroit été affecté, s'il fe fût trouvé dans les mêmes circonftances. De telles fituations peuvent être fenties, mais non pas exprimées. Tout ce que je puis dire, c'eft qu'en entrant, Léonce fe jetta avec une tendre impétuofité au col de fon aimable Veuve, fans que la préfence du Marquis, qu'il ne connoiffoit pas, pût modérer fon tranfport. Chere Sylvie, lui dit-il, nous touchons enfin au moment tant defiré. Il va nous être permis de rendre par l'hymen notre union éternelle. Le

Comte mon pere ne pourra plus s'y oppoſer ; puiſque l'incertitude de votre naiſſance eſt levée , & que vous êtes la fille
de Monſieur le Marquis de C.... Le
frere de Duparc que voici , qui eſt le même qui vous porta dans la forêt de.....
m'en a inſtruit. L'amour , la joie & les
plus flatteuſes paſſions firent un ſi agréable effet ſur la tendre Sylvie , qu'elle
reſta, pendant quelques minutes, comme
abîmée dans un Océan de délicieux ſentimens , ſans pouvoir parler. Le Marquis
informé , par le diſcours de Léonce ,
qu'elle étoit ſa fille , la déroba pour
ainſi dire aux tendres embraſſemens de
cet Amant, pour ſuivre les mouvemens
de l'amour paternel. Ah ! ma fille , lui
dit-il : Quoi ! chere Sylvie , vous êtes ma
fille ? Il n'en put dire davantage. Des
larmes de joie , des ſoupirs cauſés par
la vivacité du plaiſir , lui ôterent l'uſage
de la voix : il ne s'exprima, pendant quelques momens , que par ſes baiſers & par
ſes careſſes. Sylvie , un peu revenue de
ſa premiere ſurpriſe , ſe livra toute entiere à ſa tendreſſe pour le Marquis. Ah !
mon pere , lui dit-elle , mon cher pere,
que je ſuis bien dédommagée de tous les
maux que m'a cauſé l'ignorance où j'ai

été fur ma naiſſance , en retrouvant un pere tel que vous ! Enfin , il m'eſt donc permis d'embraſſer l'auteur de ma vie ! Elle redoubla , à ces mots , fes embraſ-femens avec tant d'ardeur , que , fon cœur étant trop étroit pour contenir tant d'allégreſſe , elle fut obligée de s'aſſeoir ; ce que fon pere fit auſſi , en la tenant toujours étroitement entre fes bras. Duparc l'aîné & Tonton, de leur côté, ayant reconnu leur frere , lui donnerent les marques les plus tendres de leur amitié. La fatisfaction qu'ils avoient de le revoir après tant d'années , étoit encore augmentée par l'état brillant dans lequel ils le retrouvoient. Théodora & Termilek, outre le plaiſir que goûtent des Amans de s'embraſſer après pluſieurs mois d'abfence , qui n'ont fait qu'accroître leur amour , prenoient tant de part au contentement de leurs amis , qu'ils reſſentoient leur joie avec preſqu'autant de fenfibilité, que ſi ces nouvelles agréables les euſſent touchés perſonnellement. Enfin, peut-être ne s'eſt-il jamais trouvé tant de perſonnes raſſemblées dans un même appartement , qui euſſent tant & de ſi purs ſujets de ſe réjouir. Qu'on ſe rappelle tout ce qui a précédé , on en conviendra. Après qu'ils eurent suivi, pendant quelques inſtans, les mouvemens vifs & impétueux de la nature, ils ſe trouverent dans une ſituation un peu plus calme. Cher & précieux reſte du plus tendre amour, dit le Marquis à Sylvie, je ne puis vous exprimer la joie que je reſſens de vous retrouver ſi aimable & ſi digne de la charmante mere qui vous a donné le jour. Ce bonheur, auquel je n'aurois jamais oſé prétendre, me fait oublier tous mes malheurs. Oui, ma fille, vous tariſſez la ſource de mes larmes. Que je vais paſſer à préſent, dans une douce tranquillité, le reſte de mes jours! Je ne veux plus vous quitter, chere Sylvie ; je veux jouir continuellement du plaiſir de vous voir. Je ne prétends cependant pas vous gêner. Vous habiterez tel lieu qu'il vous plaira, ſoit à ma Terre, ſoit ici, ſoit ailleurs ; mais je veux vous y accompagner. Je ſens qu'il me ſeroit impoſſible de vivre loin de vous. Adreſſant enſuite la parole à Duparc : St. Sévère, lui dit-il, quelles obligations ne vous ai-je pas de venir aujourd'hui me rendre un bien ſi précieux! Hélas! je vous ai cru mort. Votre fidélité vous a mérité une partie des larmes que j'ai verſées ſur le fort de Diane & de ma fille : mais, ne troublons pas le plaifir que j'ai de vous revoir, par un fi trifte fouvenir. Je rends grace au Ciel de ce qu'il a récompenfé vos vertus par la fortune qu'il me paroît que vous avez faite. Peu d'hommes la méritent plus que vous. Ne différez pas, mon cher, à m'apprendre ce que vous êtes devenu depuis que je vous ai confié ma petite Sylvie. Ne croyez pas que j'aye jamais formé le moindre foupçon qui vous fût défavantageux. Non, votre probité m'étoit trop connue, pour attribuer votre difparition à d'autre caufe, qu'à quelque malheur dont j'ai penfé que vous aviez été la victime. Je vous remercie, Monfieur, dit Duparc le cadet, de la compaffion que vous avez daigné avoir de mon malheureux fort, & de la grace que vous m'avez faite de ne point foupçonner ma fidélité. Je vous avoue que cette crainte, jointe à l'inquiétude où je fçavois que vous deviez être à mon fujet, n'ont pas peu contribué à aggraver mes maux. Mais le Ciel, qui m'en a délivré, met aujourd'hui le comble aux faveurs qu'il a verfées fur moi, en permettant que je puiffe contribuer à votre fatisfaction, & au bonheur d'un couple

auffi parfait que la charmante Sylvie &
le tendre Léonce. Il raconta enfuite fon
aventure de la caverne des voleurs , fon
voyage & fon féjour à Pondichery , fon
retour à Rouen, & l'avantage qu'il avoit
eu d'y lier connoiffance avec Termilek
& Léonce. Je compterai toujours, dit-il
en finiffant fa narration , ce jour pour le
plus fortuné de ma vie. Cette hiftoire
ayant duré jufqu'au fouper , on fe mit
auffi-tôt à table. On ne s'entretint, pendant tout le repas , que de tant d'évènemens merveilleux. Le Marquis, n'ayant
plus de mefures à garder , puifque Sylvie étoit fa fille , refta cette nuit chez
elle. Le lendemain , dès qu'elle fut levée, il alla l'embraffer , & lui dit : Je
vous ai déja promis, ma chere fille , que
je ne vous contraindrois en rien : ainfi,
vous êtes la maitreffe de choifir la réfi-
dence qui vous fera la plus agréable. Cependant , comme votre maifon n'eft
point affez fpacieufe pour loger la compagnie qui eft chez vous , je crois que
vous feriez beaucoup plus commodément dans mon Château. D'ailleurs,
jufqu'au jour de votre hymen, il eft plus
convenable que vous habitiez chez moi
qu'en votre particulier. Engagez donc

vos amis à venir à ma Terre. Je vais écrire dès aujourd'hui à Monsieur le Comte de . . . . . pour l'instruire que vous êtes ma fille, & pour le remercier des soins qu'il a eus de votre éducation, en attendant que nous puissions aller nous-mêmes lui marquer notre reconnoissance. J'espere, avant un mois, mettre le sceau à votre union avec Léonce. Le généreux désintéressement avec lequel il s'étoit déterminé à vous épouser dans le tems que vous n'aviez pour dot que votre mérite, doit m'engager, aussi bien que votre propre satisfaction, à hâter votre mutuel bonheur. Mon cher pere, lui répondit Sylvie, votre volonté sera toujours la règle de la mienne. Par-tout où vous serez, je me trouverai bien, pourvu que j'aye le plaisir de vous y voir. Je suis prête à vous suivre, dès que vous l'ordonnerez. Mes amis recevront avec satisfaction votre offre, quand je leur en aurai fait la proposition. Je vous remercie de tout mon cœur de l'indulgence que vous voulez bien avoir pour une inclination formée dès l'enfance, que l'âge & la raison ont fortifiée, & qui s'est toujours augmentée, malgré les contrariétés & les obstacles qu'on y a apportés. Le Marquis

alla

alla enfuite, avec Sylvie, prier toute la compagnie d'accepter un logement dans fon Château. Léonce, Dona Théodora, le Chevalier de Termileck, les deux Duparcs & Tonton trouverent les raifons du Marquis juftes, & lui donnerent parole de fe rendre chez lui fur le foir. Il partit fur le champ pour faire préparer tout ce qui étoit néceffaire, afin de bien recevoir cette compagnie. Léonce & Sylvie, fûrs de fe voir bientôt unis, étoient dans la plus heureufe fituation. La belle Italienne & fon cher Chevalier auroient bien voulu pouvoir s'engager par les liens facrés de l'hyménée dans le même tems que leurs amis. Leur bonheur leur auroit paru plus parfait, fi ces quatre Amans avoient pu fe voir tous, en une même journée, au comble de leurs vœux ; mais il n'y avoit pas d'apparence de pouvoir fe le promettre ; il y avoit trop de démarches à faire avant d'y parvenir. Il falloit que le Chevalier écrivît au Milord fon pere, pour obtenir fon confentement qu'il ne pouvoit fe flatter d'obtenir, fans qu'il eût fait avant des informations fur la naiffance & le bien de Dona Théodora ; ce qui demandoit du tems. Ce n'étoit pas là le point le plus difficile. Termileck étoit sûr qu'il ne s'opposeroit pas à une alliance qui étoit si parfaitement assortie. La plus grande difficulté étoit de gagner l'Oncle de la belle Italienne. La connoissance qu'ils avoient de son caractère dur & intéressé, leur faisoit craindre qu'il ne voulût pas y consentir ; ce qui les auroit obligés d'attendre sa mort : terme bien long pour des cœurs vivement épris. Ils étoient occupés à ces réflexions, lorsqu'on remit à la Bonne de Dona Théodora une lettre que lui écrivoit son Cousin, avec lequel elle avoit toujours entretenu correspondance depuis son évasion avec sa Maitresse. Cette fidelle Gouvernante, l'ayant lue, acccourut avec empressement, & dit à Dona Théodora : » Vous étiez , » ma chere fille, il n'y a qu'un moment, » embarrassée de trouver les moyens d'ob- » tenir le consentement de votre Tuteur. » Cessez de vous inquiéter ; il ne vit plus. » Outre le bien de votre pere, & le sien » dont sa mort vous met en possession , » elle vous laisse la liberté de disposer » de votre main en faveur de Monsieur » de Termileck ». La bienséance ne permit pas à cette tendre Amante de faire éclater la joie que devoit lui causer cette nouvelle ; mais le Chevalier, qui n'avoit pas les mêmes mesures à garder, fit paroître une satisfaction si vive, qu'on ne pouvoit douter de l'ardeur avec laquelle il desiroit d'être uni pour toujours avec elle. Léonce & Sylvie en furent aussi charmés. Le Ciel, dit cette Charmante Veuve à son amie, semble vouloir en ce jour nous récompenser avec usure de nos maux passés, en détruisant tous les obstacles qui traversent nos innocens desirs. Je ne désespere pas que nous puissions tous voir bientôt notre félicité consommée en un même jour, pourvu que Monsieur de Termileck s'y employe avec diligence. Ces véritables amis consulterent ensemble sur la conduite qu'ils devoient tenir pour accélérer leur bonheur. Il fut résolu que Dona Théodora écriroit au premier Juge de sa Ville, pour l'informer des raisons qui l'avoient obligée à fuir de la maison de son Oncle, & à se retirer en France ; qu'elle l'engageroit à prendre ses intérêts en main, en attendant qu'elle fût en état d'aller recuellir la succession de son pere & de son Oncle ; qu'elle le prieroit de lui envoyer les papiers dont elle avoit besoin, & qu'elle remettroit sa lettre à un Exprès à qui elle recommanderoit d'en rapporter la réponse avec la plus grande diligence. On convint aussi que le Chevalier prendroit congé du Marquis de C..... pour retourner en Angleterre, afin de presser les informations que le Milord feroit sur le compte de Dona Théodora, avant de donner son consentement à ce mariage. Ces arrangemens pris, la belle Italienne employa le tems qui restoit jusqu'au départ, de façon, qu'avant de monter en carrosse, elle donna sa lettre à un des gens de Sylvie, qu'elle fit partir en poste, après lui avoir promis que sa promptitude & son éxactitude seroient bien récompensées. Sylvie ensuite & toute sa compagnie se rendirent à la Terre de son pere, qui les y reçut avec les marques de la plus sensible satisfaction. Que ce Seigneur étoit différent de ce qu'on l'avoit vu ! Une sombre tristesse étoit, quelque tems avant, répandue sur son visage. Toutes ses actions se ressentoient de la cruelle douleur qui lui rongeoit le cœur. Il gardoit un morne silence ; il restoit presque toujours seul, occupé à pleurer ou à pousser de profonds soupirs. Ses Domestiques, sensibles au chagrin dans lequel leur Maître étoit plongé, participoient à fa mélancolie. Ils craignoient même de paroître devant lui & de lui parler, dans la crainte de redoubler fes ennuis par leur préfence. Enfin, fon Château étoit comme un fépulcre, duquel la joie, les ris & les jeux étoient bannis. Mais, dans cet heureux jour, une riante gaieté témoignoit le contentement de fon ame. L'empreffement avec lequel il donnoit fes ordres pour bien traiter Sylvie & fes amis, marquoit combien leur préfence lui étoit chere. Tous fes gens, charmés de fon changement, lui obéiffoient avec un certain air d'allégreffe, qui dénotoit l'attachement qu'ils avoient pour lui. Enfin, fon Château, orné avec propreté, paroiffoit être l'afyle de la félicité & des plaifirs innocens. Le Marquis fit entrer d'abord cette compagnie dans une falle fuperbement meublée, où l'on fervit une collation compofée de tout ce que la Province pouvoit fournir de plus délicat; après quoi, il la conduifit dans fon Parc. Une troupe de Payfans & de Payfannes vétus avec une propreté fimple, mais admirable, fortit d'un cabinet de verdure, & vint au devant du Marquis & des perfonnes qui l'accompagnoient. Il y avoit, à la tête de ces Villageois, un jeune Berger avec sa Bergere qui tenoient chacun une couronne de mirthes & de fleurs qu'ils offrirent à Sylvie & à Léonce, en leur souhaitant la prospérité la plus pure & la plus constante. Ils se retirerent ensuite en exécutant plusieurs danses paysannes, au son de divers instrumens champêtres, & rentrerent dans le cabinet d'où ils étoient sortis. Léonce fit au Marquis son compliment de cette galanterie. Mais ce Seigneur lui dit qu'il étoit lui-même étonné de cette fête, à laquelle il n'avoit point eu de part ; que c'étoit une preuve du zèle & de l'affection de ses Vassaux, qui avoient voulu lui marquer combien ils s'intéressoient à son bonheur. Ils m'ont fait, continua-t-il, un plaisir d'autant plus grand, que je m'y attendois moins. Je leur en sçais un gré infini, & je veux les en récompenser. Mais j'attendrai, pour le faire, le jour de votre mariage avec ma fille, afin de rendre la joie plus vive & plus universelle. J'ai déja écrit au Comte votre pere, & je l'ai pressenti sur cette union, à laquelle je suis persuadé qu'il donnera les mains.

Ces personnes étoient toutes parfaitement satisfaites ; leur conversation étoit animée par une gaieté qui en faifoit les charmes. Cette journée étoit pour elles une journée d'allégreffe; tout confpiroit à leur procurer d'innocens plaifirs; l'air, pur & ferein, les invitoit à prendre celui de la promenade; des fiéges de verdure leur offroient à s'y délaffer de tems en tems d'une fi agréable fatigue. Le Marquis, Sylvie & Léonce fe faifoient mille tendres careffes, pendant que les deux Duparcs & Tonton ne pouvoient fe laffer de fe donner des marques d'amitié, & que Dona Théodora & Termilek fe livroient fans contrainte à toute la tendreffe dont leurs cœurs étoient épris.

De même qu'une cruelle fatalité femble ourdir la trame des malheurs des hommes, de même il paroît auffi qu'un être bienfaifant fe plaît à travailler à leur félicité. Quand une perfonne, ou même une famille entière a commencé à être en bute à la cruauté du Deftin, on voit, par une expérience trop commune, qu'il fe forme contr'elles comme un enchaînement d'infortunes, qui les précipite de calamités en calamités, fans que toute la prudence humaine puiffe les prévoir, ni les éviter: mais auffi, quand la malignité du Sort eft épuifée fur elles, quand elles font au comble de l'adverſité, ſi elles commencent une fois à recevoir du ſoulagement dans leurs maux, ſi ce même Deſtin reprend pour elles des ſentimens favorables, ordinairement il aime à les accabler, pour ainſi dire, par une multitude de faveurs les plus conſolantes & les plus ineſpérées. Il ſemble que, ſe repentant de la rigueur avec laquelle il les a traitées, il veuille les en dédommager, en les rendant plus heureuſes qu'il ne les avoit rendu infortunées.

C'eſt la conduite qu'il a tenu à l'égard du Marquis de C..... On a vu avec quelle fureur le Deſtin l'a perſécuté ; il l'a déja conſolé, en lui rendant une fille qu'il avoit tant pleuré, & dont les qualités admirables lui ont fait oublier toutes ſes pertes. Il n'a pas borné au premier trait l'eſpèce de réparation qu'il a voulu lui faire, & le nouvel évènement qu'on va lire, a rendu ce Seigneur plus heureux que ſi jamais il n'eût eu lieu de ſe plaindre des cruautés du Sort.

Pendant que le Marquis jouiſſoit dans le Parc du plaiſir de voir ſa chere Sylvie, on vint l'avertir que deux perſonnes étrangeres demandoient à lui parler. Il ordonna qu'on les fît entrer, & un moment après, les voyant arriver de loin, il se leva avec toute sa compagnie pour aller au-devant d'elles : c'étoit un jeune Cavalier & une jeune Demoiselle. Quand il fut à portée de discerner les objets : O Dieu! quelle fut sa joye de reconnoître son fils, ce même fils qu'il avoit vu englouti dans les flots, après avoir teint la mer de son sang. Il voulut voler à lui; mais il étoit si saisi, qu'il ne put faire aucun mouvement, ni proférer aucune parole. Il fut même obligé de s'appuyer sur Léonce, pendant que son fils l'embrassoit avec les plus vifs transports. Ce jeune homme, affligé du froid accueil qu'il croyoit que lui faisoit le Marquis : » Pour- » quoi, mon pere, lui dit-il, me rece- » vez-vous d'une maniere si indifférente ? » Ma présence vous fait-elle peine? Hé- » las! malheureux que je suis! A peine » ai-je eu le bonheur de vous voir pen- » dant quelques jours, que j'ai été séparé » de vous par le plus terrible accident » qu'on puisse jamais éprouver; & quand, » échappé par un coup du Ciel de la » captivité, je me promets de retrouver » en vous un pere tendre; quand je me » félicite, dans l'espérance d'essuyer les » larmes que je crois que ma perte vous

» fait verſer ; quand je vous embraſſe
» avec le plus vif empreſſement, vous
» ne daignez pas me donner la moindre
» marque de bonté & de tendreſſe! Que
» vous ai-je fait, mon cher pere? Par où
» ai-je eu le malheur d'encourir votre
» indignation »? En diſant cela, il ſe
jetta à ſes pieds. Le Marquis fut ſi touché
de ces tendres reproches, qu'il ſe fit effort
pour lui dire : » Ah! mon cher fils, que
» vous interprétez mal l'état où vous me
» voyez! il ne provient que d'un excès
» de joye. Oui, mon cher Chevalier,
» j'ai été ſi agréablement ſurpris quand
» je vous ai reconnu, que j'en ai perdu la
» liberté des ſens & de la voix. Je com-
» mence à en recouvrer l'uſage. Levez-
» vous, mon cher fils, & ne me privez
» pas plus long-tems du plaiſir de vous
» embraſſer ». Le jeune Chevalier, pénétré de joye de s'être trompé dans l'in-
terprétation qu'il avoit donnée au froid ap-
parent avec lequel ſon pere l'avoit reçu,
ſe jetta à ſon cou, &, pendant un demi-
quart d'heure, il baigna ſon viſage de ſes
larmes. Sylvie qui, par le diſcours de
ſon pere, & par celui de ce jeune Etran-
ger, avoit reconnu que c'étoit ſon frere
dont le Marquis lui avoit raconté la tra-

gique mort, attendoit, avec une espèce d'impatience, qu'ils se dégageassent, pour lui donner des marques du plaisir qu'elle ressentoit de le voir. Enfin, ce jeune homme ayant quitté son pere, elle voulut l'embrasser à son tour ; mais lui, qui ne la connoissoit pas, étonné de son action, ne sçavoit s'il devoit se prêter à ses caresses. Le Marquis remarquant son embarras : » Ne craignez pas, mon fils, » lui dit-il, de recevoir les marques » d'affection que votre sœur veut vous » donner ; c'est cette fille infortunée » dont je vous ai appris le malheur avec » tant de douleur ». Alors, ce tendre frere, loin de se refuser aux témoignages d'amitié de Sylvie, l'embrassa tendrement, & lui dit tout ce que la Nature peut inspirer, en pareilles circonstances, à un cœur né sensible. Une scène si touchante avoit si fort attaché tous les spectateurs, qu'ils n'avoient presque point fait d'attention à la compagne du jeune Chevalier. Quand les premiers mouvemens d'étonnement & d'admiration d'un évènement si merveilleux furent passés, toute la compagnie jetta les yeux sur elle ; on la trouva si aimable, qu'on se repentit du peu d'égard qu'on avoit eu pour elle.

On lui fit, pour les réparer, mille poli-
tesses auxquelles elle répondit avec beaucoup de graces, quoique son langage ne
fût pas correct, ni ses manières Françoi-
ses. Le Marquis demanda à son fils quelle
étoit cette belle Etrangere : mon cher
pere, lui répondit-il, c'est l'adorable
fille du Comte de..... avec laquelle j'ai
eu le bonheur de m'arracher d'entre les
mains des Musulmans, dans lesquelles
elle est tombée dès son enfance. Sa nourrice qui a été enlevée avec elle, est ici.
Je l'ai fait rester dans la cour du Château.
J'aurois été d'abord rendre cette charmante Demoiselle à sonpere, si le desir de vous
embrasser avant, ne m'en eût empêché.
D'ailleurs, ajoûta-t-il, d'une voix mal
assurée & en rougissant, j'ai voulu avant
vous demander la permission de prier le
Comte de couronner l'amour mutuel
dont nous brûlons l'un pour l'autre. Le
Marquis fit le plus gracieux accueil à
Zaïde, (c'étoit le nom de cette aimable
personne,) & dit à son fils que, si le
Comte étoit aussi favorable à leurs desirs
que lui, ils ne tarderoient pas à les voir
remplis. Léonce, charmé de retrouver
dans cette belle Etrangere une sœur, lui
fit mille amitiés. Zaïde qui, dans le

commencement de cette entrevue, avoit été fort timide, voyant qu'elle étoit dans la compagnie de son frere, & de personnes qui connoissoient particulierement le Comte son pere, reprit cette aimable liberté qui est la mere des Graces ; &, malgré la difficulté qu'elle avoit à bien s'énoncer en François, fit connoître que les charmes de son esprit ne cédoient en rien à ses appas extérieurs.

Le Marquis, au comble de la félicité, réfléchissant à tant d'heureux évènemens, s'écria : » Juste Ciel ! je cesse de me plain-
» dre de vous ; je suis trop payé des maux
» que vous avez permis que j'aye essuyés,
» par le bonheur dont je jouis à présent.
» Sans doute vous ne m'avez rendu si
» misérable, que pour me faire goûter
» avec plus de vivacité, les faveurs dont
» vous vouliez me combler. Pardonnez
» à la foiblesse humaine, les murmures
» qui me sont échappés, & le désespoir
» auquel je me suis livré dans l'excès de
» mes peines. Je ne vous demande plus
» qu'une grace, c'est de ne point exaucer
» les vœux criminels que j'ai formés
» mille & mille fois, en vous priant d'a-
» bréger le cours de ma vie. Prolongez-
» la au contraire jusqu'à la plus longue

» vieilleſſe pour me faire jouir plus long-
» tems de la félicité que vous daignez
» m'accorder, dont je vous rends de très-
» humbles actions de graces ». Puis,
s'adreſſant à la compagnie : » Mes chers
» enfans & mes chers amis, leur dit-il,
» c'eſt aujourd'hui le jour des miracles.
» Que de prodiges le Ciel vient d'opérer
» en ma faveur pour rendre mon bonheur
» accompli ! Je retrouve preſqu'en mê-
» me tems une fille infiniment aimable,
» & un fils qui ſera le digne héritier de
» mon nom & de l'honneur de ma mai-
» ſon. Je vais avoir le plaiſir de me voir
» revivre dans une nombreuſe poſtérité :
» non-ſeulement je retrouve deux enfans,
» mais le Ciel m'en rend quatre. L'a-
» mour que Léonce a pour ma fille, &
» celui dont l'aimable Zaïde veut bien
» favoriſer mon fils, augmente infini-
» ment ma ſatisfaction. Le Ciel ne pou-
» voit faire un choix plus parfait, & je
» vais être le plus heureux de tous les
» peres ; mais, ce qui me plaît le plus,
» c'eſt que je vous vois tous participer à
» ma joye, par le contentement que cha-
» cun de vous goûte en particulier. Léon-
» ce jouit du plaiſir de retrouver une
» ſœur bien digne de lui. La charmante

» Zaïde a la confolation de fe trouver
» avec un frere qui mérite toute fon
» amitié, & qui s'employera, avec ar-
» deur, à feconder fes vœux, en enga-
» geant le Comte à confentir à fon hy-
» men avec mon fils, auquel je contri-
» buerai de tout mon pouvoir. Sylvie
» retrouve, avec un pere qui l'aime avec
» la plus vive tendreffe , un frere qui
» doit lui être très-cher ; & le Chevalier
» ne peut être qu'infiniment touché de
» voir dans ma fille une perfonne fi par-
» faite. La confolation que Duparc &
» Tonton ont reçue en découvrant la naif-
» fance de Sylvie, eft augmentée par la
» joye de revoir, après une fi longue
» abfence, un frere qui leur eft fi cher ;
» & ce frere , outre la fatisfaction de
» retrouver un frere & une fœur qu'il a
» toujours tant aimés , doit être affecté
» d'un fentiment bien délicieux d'être la
» caufe de la félicité de Sylvie, de
» Léonce & de la mienne. Il n'y a que
» vous, aimable Dona Théodora, &
» tendre Termilek, qui n'avez, dans ces
» heureux évènemens , d'autre part que
» celle que votre amitié pour Léonce &
» ma fille vous y fait prendre. Je fouhaite
» de tout mon cœur voir vos defirs rem-

» plis. Si je puis y contribuer en quelque
» chofe, je le ferai très-volontiers. Je
» vous affure que ce feroit pour moi une
» augmentation de plaifir bien fenfible,
» fi je vous voyois unis dans la même
» journée où l'hymen couronnera Léon-
» ce & Sylvie, Zaïde & mon fils ».
Termileck & la belle Italienne remercierent le Marquis de l'affection qu'il
leur témoignoit, & l'affurerent qu'ils
étoient fenfibles autant qu'on pouvoit
l'être, à la fatisfaction dont il jouiffoit,
& lui apprirent qu'en leur particulier, ils
avoient reçu, dans cette même journée,
une nouvelle qui les flattoit beaucoup.
Le perfécuteur de la charmante Dona
Théodora, dit ce Chevalier Anglois,
vient de la laifler, par fa mort, maitreffe
de fon fort. Elle me fait la grace d'approuver les fentimens tendres & refpectueux que fon mérite m'a infpirés. Rien ne
retarde plus notre bonheur que le confentement de mon pere. Je pars demain pour
le prier de me l'accorder ; mais, comme
il ne s'en rapportera pas à ce que je pourrai lui dire du mérite & de la naiffance
de ma chere Italienne, parce que, en
pareil cas, les Amans font fujets à exa-
gérer, & qu'il voudra faire des informa-

tions qui l'en éclairciſſent , j'oſe vous conjurer , Monſieur , de vouloir bien vous donner la peine de lui écrire & de diſſiper , par votre témoignage , les dou-tes que le mien lui donneroit lieu de for-mer. Si vous m'accordez cette grace , j'eſpere que nous pourrons tous , dans un même jour , nous engager ſous les aimables loix de l'hyménée. Je le ferai , dit le Marquis , avec la plus grande ſatisfaction. Dans le voyage que j'ai fait en Angleterre , j'ai été lié avec pluſieurs Milords , & entr'autres , avec votre pere. Quoique cette liaiſon n'ait pas été longue , & qu'il y ait déja bien du tems que je n'ai point eu de commerce avec eux , je me flatte qu'ils ne m'auront point entièrement oublié. Je vais leur écrire pour les engager à preſſer le Milord votre pere à conſentir à votre bonheur. Je leur ferai le portrait de votre chere Italienne. Je les inſtruirai de ſa naiſſance & de ſon bien ; & pour peu que votre pere , à qui j'écrirai auſſi en particulier , ait d'amitié pour vous , il ne différera pas à vous accorder ce que vous lui demanderez. Allons , mes chers amis , rentrons au Château : Zaïde & mon fils doivent avoir beſoin de rafraîchiſſement : je vais ,

à caufe d'eux, faire avancer l'heure du fouper ; auffi bien nous en aurons après plus
de tems pour entendre le récit de leurs
aventures, que je crois que vous defirez
apprendre auffi-bien que moi. Toute la
compagnie fe leva, & le Marquis la
conduifit dans un grand Sallon où il fit
fervir un moment après le fouper Le
contentement que chacun avoit fujet de
reffentir en particulier, joint à la délica-
teffe des mets, exciterent l'appétit pendant ce repas qui fe paffa dans la joye.
Quand on eut deffervi , Sylvie pria fon
frere de vouloir bien raconter ce qui lui
étoit arrivé depuis fa féparation d'avec le
Marquis. Ce jeune Amant demanda à
fa chere Zaïde fi elle vouloit le lui permettre. C'eft une fatisfaction, lui dit-
elle, que vous ne pouvez refufer à des
perfonnes qui doivent vous être fi cheres.
Commencez donc votre narration ; pour
moi je vais prendre le répos dont j'ai befoin. Ce jeune Chevalier, comprenant
qu'elle ne vouloit pas être préfente à ce
récit, pria fon pere de lui faire donner
un appartement. Le Marquis la conduifit lui-même dans un de ceux qu'il avoit
fait préparer pour les Dames, & où il
avoit fait mettre tout ce qui pouvoit leur

être nécessaire ; &, après lui avoir souhaité la nuit la plus tranquille, il l'y laissa avec sa nourrice, & vint rejoindre la compagnie. » Mon fils, lui dit-il » en rentrant, vous ne craignez plus à » présent d'allarmer la modestie de la » charmante Zaïde : contentez donc nos » desirs ». Je suis très-flatté, mon cher pere, dit le jeune Chevalier, de l'empressement avec lequel, vous & toute la compagnie desirez entendre le récit de mes aventures : ce m'est une preuve de la part que vous daignez y prendre. Je vais vous en marquer ma reconnoissance par ma promptitude à vous satisfaire.

Après que j'eus lutté, pendant quelques momens, contre la violence des flots, la quantité de sang que je perdois, me rendit si foible, que, ne pouvant plus nager, je coulai au fond de la mer ; mais la nature ayant fait apparemment en moi un dernier effort, je revins sur l'eau du côté du Vaisseau opposé à celui par lequel j'étois tombé. Il n'avoit heureusement fait encore aucun mouvement pour poursuivre votre Galere, & quelques Matelots, m'ayant apperçu, me jetterent une corde. Je la faisis avec la force d'un homme qui se noye, & qui s'accroche à ce qu'il rencontre, sans jamais lâcher prise. Ils me hisserent sur le pont. La perte de mon sang, la quantité d'eau que j'avois avalée, & les efforts prodigieux que j'avois faits tant pour nager, que pour ne point échapper la corde qu'on m'avoit tendue, m'avoient réduit à la derniere extrêmité. On commença par me faire rejetter l'eau qui me suffoquoit; ce qui me soulagea un peu. On pansa ensuite ma plaie, qui ne fut pas jugée mortelle. Le Corsaire de ce Vaisseau, après avoir inutilement donné la chasse à votre Galere, vint me voir dans le moment que j'étois entierement revenu à moi. Les respects qu'on lui rendoit, me firent connoître qui il étoit. Je frémis en le voyant. La cruauté avec laquelle vous avez été traité pendant votre esclavage, ne me permettoit pas d'esperer un sort plus doux. Je commençai même à avoir du regret de n'avoir pas été enséveli pour toujours sous les flots de la mer. Néanmoins, quand je l'eus fixé avec un peu d'attention, je vis dans ses regards & dans toute sa physionomie quelque chose d'humain qui me rassura un peu.

» Mon ami , me dit-il, je suis touché de
» l'état où je te vois. J'aime naturelle-
» ment la bravoure. La valeur avec la-
» quelle je t'ai vu combattre , m'a pré-
» venu en ta faveur. Si tu te rends digne
» de la disposition que je me sens à te
» vouloir du bien , j'adoucirai ta captivi-
» té , autant qu'il sera en mon pouvoir.
» Ne te chagrine pas : tu es tombé entre
» les mains d'un bon Patron ». Il me fit
ensuite donner un branle assez commode,
& donna ordre au Chirurgien & à plusieurs de ses gens d'avoir bien soin de
moi. Des attentions si généreuses de la
part d'un Corsaire que je croyois devoir
être un homme cruel & barbare, me pénétrerent. Je l'en remerciai avec le plus
de politesse qu'il me fut possible. Ce fut
pour moi un grand soulagement de me
voir au pouvoir d'un Patron qui paroiss-
soit si compatissant. Il se sent de la disposition à me vouloir du bien , me disois-je
à moi-même , pourvu que je m'en rende
digne : mon sort est donc entre mes
mains : je puis donc esperer de recouvrer
ma liberté, si je parviens à me concilier
son amitié. Il faut que je ne néglige rien
pour lui plaire ; puisque c'est le moyen
de briser mes fers. Je formai dès-lors la

réfolution de mettre tout en ufage pour m'infinuer dans fes bonnes graces, auffi-tôt que je ferois guéri. Ce deffein m'engagea à feconder les foins qu'on prenoit de moi ; mais j'étois trop épuifé pour efperer être en état de quitter mon branle avant deux mois. Mon Patron, qui fe nommoit Mamek-elykak, venoit de tems en tems me voir, & me donnoit chaque fois de nouvelles preuves de bonté, dont je lui marquois ma reconnoiffance dans les termes les plus vifs. Il évitoit d'entrer dans de longues converfations avec moi, par ménagement pour ma fanté. Je remarquai cette attention ; elle confirma mes efpérances. Quand il crut pouvoir, fans rifquer de m'incommoder, m'interroger fur ce qu'il defiroit fçavoir, il commença par me demander de quelle Province de France j'étois ; car ma façon de m'exprimer ne lui permettoit pas d'ignorer que je fuffe François. Je lui répondis que j'étois de la Province de.... Mais, me dit-il, n'es-tu pas Chevalier de Malte ? Je l'affurai que non. Je crus même que je devois par prudence lui diffimuler ma véritable condition, de peur que l'efpérance d'une forte rançon ne le rendît, par la fuite, plus intraitable sur ma liberté. Je lui dis donc que j'étois fils d'un simple Bourgeois de la Ville de L.... que je m'étois toujours senti de l'inclination pour l'état militaire, & que la paix dont toute l'Europe jouissoit ne fournissant pas de matière à mon courage, je m'étois rendu à Malte, comptant y trouver les occasions de suivre le penchant naturel que j'avois aux armes. Il parut satisfait de ma réponse, & m'assura que bientôt je ne me repentirois pas d'être en sa puissance. Il me fit ensuite plusieurs questions sur la force de Malte, sur la discipline que les Chevaliers observoient, sur les fortifications du Port & de la Capitale de l'Isle, & sur le nombre de Galeres que la Religion pouvoit mettre en mer. Quelle que soit, lui dis-je, la passion avec laquelle je desire vous contenter, il n'est pas en mon pouvoir de répondre d'une maniere satisfaisante à ce que vous me demandez. Arrivé depuis très-peu de tems à Malte, il m'a été impossible de m'informer de toutes ces choses. D'ailleurs, ma jeunesse & mon défaut d'expérience ne m'ont pas permis d'en avoir des éclaircissemens. J'aurois même craint de me rendre suspect, si

j'avois témoigné trop de curiosité à m'en
instruire. » Il est bien étonnant, me dit-
» il, que des gens bien nés & remplis
» de sentimens d'honneur, tels que le
» paroissent ces Chevaliers, nous dé-
» clarent, comme ils font, une guerre im-
» pitoyable, par cette seule raison que
» nous sommes d'une Religion différen-
» te de la leur. Qu'ils feuillettent les li-
» vres de leurs Prophètes ; y verront-ils
» qu'il leur soit ordonné de haïr leurs en-
» nemis ? au contraire ils sont obligés de
» leur desirer & de leur faire tout le
» bien qu'ils peuvent. Si donc leur Loi
» leur enjoint l'amour de leurs ennemis,
» à combien plus forte raison ne doi-
» vent-ils pas aimer des hommes qui les
» laisseroient en paix, s'ils ne les harce-
» loient pas. Quoi ! parce que nous pen-
» sons autrement qu'eux, ont-ils droit
» de chercher à nous détruire ? Où est
» donc la pratique de cette vertu qu'ils
» nomment charité, qui leur paroît si
» estimable, qu'ils la placent au-dessus
» de toutes les autres, & qu'ils la regar-
» dent comme le fondement de leur
» Religion ? Une conduite si contradic-
» toire à la Foi qu'ils professent, me
» donne lieu de penser que la Religion
n'est

» n'est pour eux qu'un prétexte honnê-
» te dont ils se couvrent pour exercer im-
» punément leurs pirateries. S'ils consul-
» toient la Loi naturelle, s'ils suivoient
» ce précepte inné dans nos ames, de ne
» point faire à autrui ce que nous ne
» voudrions pas qu'on nous fît, ils ne
» nous troubleroient pas, & nous vi-
» vrions en bonne intelligence avec eux ».
Quoique je visse bien des choses à répondre à ce raisonnement, je me gardai
de le contredire, de peur de l'indispo-
ser contre moi. Je me contentai de le
prier de remarquer que l'opinion & le
préjugé avoient tant de force sur les
hommes, qu'ils les portoient à des démarches dont ils rougiroient, s'ils pouvoient n'écouter que les lumières de la
saine raison. Je crois, lui dis-je, les Chevaliers de Malte dans ce cas. Je connois
à plusieurs d'entr'eux un trop grand fond
de probité, pour penser que le desir de
s'enrichir de vos dépouilles, soit le motif qui les excite à vous faire une guerre
continuelle. Un zèle de Religion a sans
doute été le fondement de l'animosité
qu'ils ont conçue contre les Sectateurs de
Mahomet, & qui subsiste encore. Par la
suite du tems, on n'a point examiné si

cette haine étoit jufte ou non. La valeur eft ordinairement le partage de la Nobleffe. Une multitude de jeunes Gentilshommes a été charmée de trouver à l'exercer contre vous ; & l'honneur qu'on y a attaché, a piqué l'émulation : auffi voit-on toutes les Maifons de condition confacrer un de leurs enfans dans la Religion de Malte, qui fait une profeffion ouverte d'être ennemie des ennemis du Chriftanifme. J'avois fouvent avec Mamek-elykak des converfations affez longues, tantôt fur ce qui regardoit la Cour de France, tantôt fur l'état de la Marine de ce Royaume, quelquefois même fur la Religion. Je voyois avec plaifir qu'il s'attachoit à moi. De mon côté, ayant reconnu en lui un grand fond de droiture, d'humanité & de bonté, je conçus pour lui une véritable eftime. Quand je fus affez fort pour fortir de mon lit, il me mena dans fa chambre ; il me fit même manger plufieurs fois avec lui : faveur que les Mufulmans n'accordent guere à leurs efclaves. Tout l'équipage, voyant l'amitié que Mamek-elykak me témoignoit, avoit pour moi des égards que je n'aurois jamais ofé me promettre parmi des Infidèles. Un jour que mon Patron avoit fait tomber la conversation sur la Musique, je lui dis que je l'avois apprise dès ma jeuneffe, & que je sçavois paffablement jouer de quelques inftrumens ». Tu me fais bien plaifir, me dit-il, mon cher Zéli (c'étoit le nom » qu'il m'avoit donné) : j'aime beaucoup » la Mufique. Celle de France eft infini- » ment fupérieure à la nôtre, qui eft en- » core informe & fans goût ; & je l'en- » tendrai avec bien de la fatisfaction. Il » y a quelque tems qu'un Armateur Al- » gérien, & moi, prîmes un petit Bâti- » ment Maltois. Entr'autres effets qui » m'échurent en partage, j'eus une caiffe » remplie d'inftrumens & de livres de » Mufique. Je l'ai encore ; je vais l'ou- » vrir, & tu choifiras ce qui pourra être » à ton ufage ». Cette découverte fut pour moi une grande confolation ; puifqu'elle m'offroit un fecours efficace contre l'ennui, duquel je ne pouvois me défendre, malgré les bontés que Mamekelykak avoit pour moi. Il tira auffi-tôt d'un tiroir une petite clef, & ouvrit cette caiffe, dans laquelle je vis plufieurs violons, flûtes, hautbois, baffes & pardeffus de viole, cors de chaffe & autres inftrumens à cordes & à vent ; il y avoit auffi plus de cent cahiers de Musique. Le premier qui me tomba sous la main, ne contenoit que des musettes. Je pris une flûte, & j'en jouai quelques-unes, le plus tendrement qu'il me fut possible. Mon Patron en fut si content, qu'il m'embrassa avec les plus tendres marques d'amitié. » Cher Zéli, me dit-il, je ne puis » t'exprimer combien je suis satisfait de » la douceur & de l'harmonie avec les- » quelles tu viens de jouer ». Je cherchai ensuite un livre d'airs vifs & gáis ; &, ayant choisi parmi les violons celui qui me parut le plus sonore & le plus moëlleux, je jouai quelques *Allégro* qui m'attirerent de nouvelles caresses & de nouveaux complimens de la part de Mamek-elykak. Depuis ce jour, il ne voulut plus que je le quittasse. Il me fit coucher dans sa chambre, & nous passions les jours entiers à nous entretenir de mille choses sur lesquelles il m'interrogeoit, ou à jouer des instrumens. Quand la mer étoit calme, & que le tems le permettoit, nous prenions ensemble le frais sur le pont, & je le divertissois par quelques airs de violon ou de flûte. C'est ainsi que je passai tout le tems que je restai dans le Vaisseau de Mamek-elykak. Quoique l'Escadre de Malte fut disparue dès le commencement de la campagne , le Commandant de la Flotte Algérienne, qui avoit ordre du Dey de tenir la mer pendant tout le tems propre à la navigation , afin d'empêcher les Chevaliers de rien entreprendre , ne resta dans le Port d'Alger que quatre mois après la retraite des Galeres de la Religion. Je fus content de me voir à terre. J'esperois que l'amitié que mon Patron me marquoit , l'engageroit à me rendre ma liberté , ou à me permettre d'écrire pour faire venir de France l'argent nécessaire pour ma rançon. Quoique mes chaînes fussent dorées , leur poids ne laissoit pas de me paroître bien pesant. D'ailleurs , le plaisir de vous revoir , mon cher pere , & de vous retirer de la douleur où vous avoit plongé l'opinion de ma mort , étoit un motif qui me faisoit supporter mon esclavage avec encore plus d'impatience. Mamek-elykak me conduisit dans sa maison qui étoit meublée avec une magnificence & un goût extraordinaires. Il y fut reçu par un nombre considérable d'esclaves blancs & noirs , qui le féliciterent avec empressement sur son heureux retour. » Cher Zéli , me dit-il, il y a long-

» tems que je defire être rendu chez
» moi pour te donner des marques fenfi-
» bles de mon amitié pour toi ». La plus
grande grace que vous puifliez me faire,
lui répondis-je, c'eft de m'accorder la liberté que j'ofe vous demander, pour aller revoir un pere que mon abfence afflige. Enfuite, voyant qu'il ne me répondoit pas, & qu'il me regardoit avec une
furprife mêlée d'inquiétude, fi je ne puis
pas efperer, ajoûtai-je, que votre générofité brifera mes fers, au moins ne me
refuferez-vous pas la permiffion d'écrire
à mon pere, pour lui apprendre ma fituation, & pour le prier de me rache-
ter. Je préfume affez de fa tendreffe,
pour croire qu'il facrifiera tout fon bien,
s'il le faut, à ma rançon. Cette feconde
propofition piqua mon Patron. Pour la
premiere fois, je vis dans fes yeux des
marques de colere & d'indignation ». Zé-
» li, me dit-il, je vois bien que tu es in-
» digne des fentimens que j'avois conçus
» pour toi ; puifque tu penfes affez défa-
» vantageufement fur mon compte, pour
» croire que l'efpoir de ta rançon puiffe
» me tenter. La conduite que j'ai tenue
» à ton égard depuis que tu es en mon
» pouvoir, devroit, ce me femble, t'a-

» voir prouvé que je t'aime véritable-
» ment. Je me flattois que tu me payois
» de retour ; mais l'empreſſement avec
» lequel tu deſires me quitter, me mar-
» que trop ſenſiblement que je me ſuis
» trompé, & que tu n'es qu'un ingrat.
» Mon deſſein étoit de te regarder & de
» te traiter comme mon propre fils : tu
» aurois eu la libre poſſeſſion de mes ri-
» cheſſes : maître dans ma propre maiſon,
» mes eſclaves t'auroient obéï ainſi qu'à
» moi, & ce que j'ai de plus précieux,
» mes femmes, parmi leſquelles il y en a
» de dignes de l'Empereur des Croyans,
» auroient été en ta diſpoſition. Je n'au-
» rois exigé de toi, pour tant de bien-
» faits, que ton amitié : tu me la refuſes.
» J'en reſſens la plus vive douleur, &, ſi
» je ne ſuivois que les mouvemens que
» ton ingratitude excite dans mon cœur
» indigné, je te ferois éprouver ce que
» l'eſclavage a de plus rude ; mais, non :
» un reſte de bonté me parle en ta faveur,
» &, ne pouvant te rendre le plus heu-
» reux de tous les hommes, puiſque ton
» indifférence s'oppoſe à ton bonheur,
» je veux du moins rendre ta condition
» ſupportable. Ton emploi ſera d'en-
» ſeigner la Muſique, & à jouer des

» inſtrumens, à une jeune fille que je fais
» élever avec ſoin ; & de me procurer
» du divertiſſement pendant mes repas.
» L'exactitude & la fidélité avec leſquel-
» les tu t'en acquiteras, ſeront la règle
» de ma conduite à ton égard. Mais,
» prends garde à toi : le poſte que je te
» confie, eſt délicat : la perſonne qui va
» recevoir tes leçons, eſt très - aimable.
» Si tu n'es pas ſage, tu es perdu ». Ce
diſcours, qui m'ôtoit l'eſpérance de la liberté, & me prouvoit que je n'avois plus
rien à prétendre à l'amitié de Mamek-
elykak, me conſterna. Je me jettai à ſes
pieds : Mon cher Patron, lui dis-je, pardonnez, je vous en conjure, à un tendre
fils un deſir bien naturel de revoir un pere
qui lui eſt très-cher. Ce n'eſt point par
ingratitude, que je vous ai prié de me
rendre la liberté. On ne peut être plus
touché de vos bontés que je le ſuis. Je
voudrois, aux dépens de mon propre
ſang, vous prouver combien j'en ſuis reconnoiſſant. » Ce n'eſt point, répondit
» Mamek-elykak, de la reconnoiſſance
» que j'exige. L'amitié veut être payée
» par amitié. Si tu en avois pour moi,
» tu ne demanderois pas à me quitter,
» puiſqu'elle ne me permet pas de me

» féparer de toi ». Oui , mon cher Patron , lui dis-je , je vous aime. Les qualités eftimables que j'ai admirées en vous ,
plus que vos bienfaits , m'ont pénétré
pour vous des mêmes fentimens que vous
daignez avoir pour moi : ils font fi vifs ,
qu'il n'y a que la force du fang , & l'amour
que la nature infpire pour un pere , qui
ayent pu les balancer dans mon cœur.
Ah ! s'il m'avoit été permis de vous prier
de paffer en France avec moi , fi j'avois
pu efperer de vous cette faveur , l'amitié
dont je fuis pénetré pour vous , & l'a-
mour que je dois à mon cher pere , étant
également fatisfaits , je me ferois cru le
plus heureux de tous les hommes. Mamek-elykak ne put entendre ce que je lui
difois , fans foupirer & fans verfer quelques larmes. Ne croyez pas , mon cher
Patron , continuai-je , que les proteftations
que je vous fais de la plus fincère amitié ,
ayent pour but de vous engager à me
combler des biens que vous me deftinez.
Pourvu que vous me rendiez votre affection , je ferai plus content que fi j'avois en
ma difpofition toutes les richeffes de l'O-
rient. Infenfible aux préfens de la fortune , je leur préfére un cœur auffi vertueux
& auffi eftimable que le vôtre. Mettez-

L v

moi dans l'état le plus vil & le plus pénible de l'esclavage, & aimez-moi, le
poids de mes fers sera allégé. C'est la
seule consolation que je puisse goûter,
dans la nécessité où je suis d'être séparé
d'un pere que j'aime infiniment, puisque
je l'aime plus que vous. Mamek-elykak
m'embrassa tendrement, en me disant:
» Leve-toi, cher Zéli, & pardonne-
» moi l'emportement d'un cœur qui se
» croyoit blessé par l'endroit le plus sen-
» sible. Je te crois sincère : tes assurances
» me calment. Je voudrois pouvoir t'ac-
» corder la satisfaction d'embrasser ton
» pere, & repasser en France, ma Pa-
» trie, avec toi ; mais je ne puis à pré-
» sent. Peut-être viendra-t-il un tems au-
» quel je pourrai le faire ; mais, jusqu'à
» ce moment, mon cher Zéli, je sens
» qu'il m'est impossible de vivre sans toi.
» S'il n'y a que ta séparation d'avec ton
» pere, qui te fasse desirer de retourner
» en ta Patrie, écris-lui, prie-le de se
» rendre à Alger, assure-le qu'il y sera
» plus heureux que chez lui, dans quel-
» qu'état qu'il y vive. Je te jure d'avoir
» pour lui, en ta considération, de si
» grands égards, qu'il ne regrettera pas
» son Pays natal ». Je me jettai au col

de mon Patron, & je lui dis tout ce que la reconnoiſſance & l'amitié m'inſpire-rent; (car je l'aimois ſincèrement). L'eſ-pérance de vous revoir, mon cher pere, diſſipa toutes mes inquiétudes, & me fit goûter, avec plus de ſatisfaction, les fa-veurs dont mon Patron prenoit plaiſir à me combler de plus en plus chaque jour. Il me donna un appartement magnifi-que, contigu au ſien. Il ordonna à ſes eſ-claves de m'obéir comme à lui-même. Je mangeois toujours avec lui. Sa table étoit ſervie avec la propreté & la déli-cateſſe Françoiſe. Peu ſcrupuleux ſur l'ob-ſervation des préceptes de l'Alcoran, il avoit une bonne proviſion des vins les plus fins. Un cabinet rempli de livres choiſis, nous faiſoit paſſer d'agréables momens dans une lecture auſſi amuſante qu'utile. Comme Mamek-elykak aimoit paſſionnément la Muſique, & que je m'é-tudiois en tout à lui plaire, autant par inclination, que par reconnoiſſance & par devoir, j'en fis ma principale occupa-tion. Je remarquois avec plaiſir qu'il s'at-tachoit de plus en plus à moi. Il pouſſa même l'amitié juſqu'à m'introduire dans l'appartement de ſes femmes : choſe qui eſt peut-être ſans exemple ; & , après m'avoir donné le tems de les examiner à loifir, il me dit : ›› Choifis, cher Zéli, ›› celle qui te plaît davantage. Ne crains ›› point de me faire de la peine. Quand ›› ce feroit celle pour laquelle je me fens ›› plus de penchant, je facrifierai l'amour ›› à l'amitié, & je te la céderai avec plai- ›› fir. Tu m'obligeras même beaucoup ›› de l'accepter ; car ta fatisfaction m'eſt ›› plus chere que la mienne ››. Je le re- merciai d'une preuve fi étonnante d'ami- tié. Je les trouve toutes, lui dis-je, très- aimables, quoiqu'elles ayent différens de- grés de perfection. Mais je vous avoue- rai qu'aucune n'a fait impreffion fur mon cœur, non par défaut de mérite, car plufieurs paroiffent en avoir infini- ment, mais parce que l'amour ne m'a ja- mais fait fentir fon pouvoir. Quand mê- me, cher Mamek-elykak, je me fenti- rois épris pour une d'entr'elles, croyez- vous que je vouluffe vous céder en géné- rofité ? Pourrois-je me réfoudre à priver un fi tendre ami d'une chofe qui lui feroit plaifir, pour contenter mes defirs, moi qui voudrois, par l'effufion de mon fang, contribuer à votre bonheur ? ›› Cher Zé- ›› li, me répondit-il, appelles-tu priva- ›› tion, un plaifir auffi pur que le feroit ce-

» lui de te rendre plus heureux que tu
» n'es? Non, non; loin que ce sacrifice
» coutât quelques regrets à mon cœur,
» il augmenteroit la félicité dont je jouis,
» puisqu'il te procureroit un agrément
» de plus ». Je lui témoignai toute la
vivacité de ma reconnoissance, d'une façon de penser si généreuse. Nous sortî-
mes ensuite de l'appartement des femmes.
Nous nous entretînmes long - tems de
celles que j'y avois vues. Cette conversation me donna occasion de lui demander
comment lui, qui étoit François, avoit pu
s'accoutumer à l'usage bizarre des Orientaux de condamner le sexe à une captivité perpétuelle. La nature le fait naître
libre comme nous, lui dis-je; il me semble qu'il y a de l'injustice à le traiter avec
tant de sévérité. S'il y a quelque chose
qui me révolte dans la Loi de Mahomet,
c'est la servitude à laquelle il réduit les
femmes. Les Musulmans en général les
regardent comme des créatures viles &
méprisables, qui ne sont tout au plus
propres qu'à la satisfaction des plaisirs
des sens. » Je ne pense pas, me répondit
» Mamek-elykak, sur leur compte, com-
» me le reste des Orientaux. Je rends aux
» femmes qui ont du mérite & des sen-

>> timens la juſtice qui leur eſt dûe. Obli-
>> gé de me conformer à la coutume du
>> Pays, qui ne permet pas de leur donner
>> une entière liberté, j'adoucis, autant
>> qu'il m'eſt poſſible, leur ſolitude par
>> tous les plaiſirs que je puis leur procu-
>> rer. C'eſt ce qui m'engage à paſſer avec
>> elles la plus grande partie de l'année à
>> ma maiſon de campagne; parce qu'il
>> m'eſt plus poſſible de leur y faire jouir
>> d'une honnête liberté >>. Mais, com-
ment faites-vous, lui dis-je, pour bannir
d'entr'elles l'envie dont elles doivent être
les victimes, lorſqu'elles s'apperçoivent
que vous avez plus d'inclination pour une
que pour les autres? Cette ſeule paſſion
doit les rendre malheureuſes. >> Elles ne
>> l'éprouvent pas, cher Zéli, me dit-il.
>> Je leur fais à toutes les mêmes careſſes.
>> J'ai pour elles extérieurement les mê-
>> mes égards. Celle qui a la préférence
>> dans mon cœur, en eſt inſtruite. Tou-
>> tes les autres croyent que je les aime
>> également. Quand elles ſont retirées
>> chacune dans ſa chambre particuliere,
>> un Eunuque, qui a ma confiance, va
,, trouver celle que j'aime avec prédilec-
,, tion: il me l'amene, & je paſſe la nuit
,, avec elle. Son intérêt l'engage à gar-

,, der le silence avec ses rivales ; car je la
,, menace de cesser de l'aimer , si elle
,, leur fait part de la tendresse particulie-
,, re que j'ai pour elle. Par ce moyen ,
,, la paix , l'union & la bonne intelligen-
,, ce subsistent entr'elles ,,. Ces précautions , lui dis-je , sont très-prudentes , &
elles partent de l'attention que vous ap-
portez à éloigner d'elles tout ce qui pourroit troubler la tranquillité & la douceur
de leur vie. Je vais , me dit mon Patron,
leur procurer un agrément de plus , si tu
veux y contribuer : cher Zéli , c'est de
leur apprendre à jouer des instrumens.
Ce plaisir nouveau leur sera un passe-
tems qui les amusera beaucoup. Je lui dis
que je m'y porterois avec une véritable
satisfaction , & que je commencerois ,
quand il le jugeroit à propos. Dès aujourd'hui , cher Zéli , tu leur montreras
les premiers principes ; mais il faut , avant,
que je te fasse voir une autre Ecoliere à qui
tu ne seras pas fâché de donner des leçons. C'est une jeune Françoise qui est
tombée entre mes mains dès son enfance
avec sa mere. Je l'aime comme ma propre fille ; & je serois charmé qu'elle fon-
dît la glace de ton jeune cœur. Je vous
unirois ensemble avec la joie la plus par-

faite, & , n'ayant point d'enfans , ce feroit pour moi une confolation ineffable de vous faire héritiers des grands biens dont je jouis. Il me mena dans un corps de logis féparé de celui de fes femmes. Deux jeunes filles, proprement vétues , belles & bien faites , nous reçurent dans le veftibule , & nous introduifirent dans une chambre dont la magnificence furpaffoit tout ce que j'avois vu jufqu'alors chez mon Patron. Mais la richeffe de l'ameublement , ni la beauté des quatre jeunes perfonnes , qui paroiffoient être des filles de chambre , ne me frapperent point , en comparaifon de l'éclat des charmes d'une adorable Demoifelle qui fe jetta au col de Mamek-elykak , en lui difant : D'où vient donc , mon cher papa , avez-vous été fi long-tems fans me venir voir ? Ma chere Zaïde , lui dit mon Patron , je viens t'en dédommager , en t'amenant mon ami , dont je t'ai déja parlé plufieurs fois , & qui veut bien fe donner la peine de t'enfeigner la Mufique. Après l'avoir remercié de fes attentions , elle jetta fur moi un regard qui pénétra jufqu'au fond de mon cœur , & y porta les premieres étincelles de ce feu pur , vif & conftant , dont j'ai toujours brûlé depuis. Mais , voyant que je la regardois avec admiration, elle rougit modeſtement, & baiſſa les yeux ; ce qui me laiſſa la liberté de la contempler avec plus d'attention. Jamais de ma vie, je n'avois vu un objet ſi parfait. Il n'eſt pas néceſſaire, mon cher pere, que je vous en faſſe le portrait : vous l'avez vue vous-même, & je ſuis perſuadé que vous ne trouverez pas que j'exagére, en diſant qu'elle eſt une des plus charmantes perſonnes qui ſoient au monde. Eh bien ! me dit Mamek-elykak, qui avoit remarqué avec plaiſir le trouble que la vue de Zaïde avoit produit en moi, n'eſt-il pas vrai que tu n'auras pas de répugnance à être le Maître d'une ſi aimable Ecoliere ? Je lui dis que je me croyois trop heureux de pouvoir contribuer en quelque choſe à l'amuſement d'une perſonne qui lui étoit ſi chere. Puiſque cela eſt ainſi, me dit-il, commence donc à lui donner la premiere leçon. Je pris une plume & du papier pour écrire les principes. J'étois ſi ému, que je ne ſçavois ce que je faiſois ; & , quand j'entrepris de les lui expliquer, j'eus toutes les peines du monde à m'exprimer. La leçon finie, mon Patron me conduiſit dans l'appartement de ſes femmes, à qui je donnai auſſi les premiers élémens. Quand nous en fûmes sortis, il me confia deux clefs, dont une ouvroit le corps de logis de Zaïde, & l'autre celui des femmes. Je me fie à toi, cher Zéli : tu pourras aller chez elles, quand tu voudras. J'ai donné ordre aux Eunuques de te laisser entrer toutes les fois que tu te présenteras. Je te prie de ne rien négliger pour leur instruction. J'allois donc tous les jours réguliérement chez ma chere Zaïde. J'eus le plaisir de la voir profiter, avec une facilité étonnante, des leçons que je lui donnois. La flûte étoit l'instrument pour lequel elle avoit témoigné plus de goût. Quand elle en posséda l'embouchure, & qu'elle commença à être en état de jouer quelques petits airs, ô Dieu ! qu'elle avoit de graces ! Il n'y a rien de si capable d'enflammer un cœur, que la vue d'une aimable femme qui joue de cet instrument. La disposition de ses levres, la tension de ses doigts, son attitude, la précipitation d'haleine & la douceur de ses regards, tout inspire l'amour. Jugez donc quel effet les graces de la charmante Zaïde faisoient sur un cœur aussi fortement épris pour elle que je l'étois déja. Je n'osois cependant point encore lui découvrir les tendres sentimens qu'elle m'avoit inspirés. Je craignois de l'irriter par un aveu prématuré, & de ruiner mes espérances auprès d'elle. Je voulois, avant de parler, avoir quelque certitude d'être écouté favorablement. Je me contentois de lui marquer, par mes soins, mes assiduités & mon empressement à seconder les dispositions naturelles qu'elle avoit pour la flûte, que j'étois à son égard moins un Maître de Musique, qu'un Amant passionné.

Le desir que j'avois d'obliger mon Patron, me rendoit aussi fort assidu à enseigner ses femmes; plusieurs profiterent de mes leçons. Si je n'avois pas eu le cœur préoccupé pour ma chere Zaïde, peut-être n'aurois-je pas pu me défendre des agaceries & des flatteuses avances que quelques-unes d'entr'elles me faisoient. Mais quoiqu'elles eussent des appas capables de faire impression, je n'en fus point touché. Après avoir vu mon aimable Françoise, tout le reste m'étoit indifférent. Souvent Mamek-elykak étoit présent aux leçons que je donnois à ses femmes ou à Zaïde; je remarquois avec plaisir la satisfaction qu'il ressentoit de les voir faire des progrès; cette considération m'engageoit à redoubler mes soins.

Je paffai dans ces douces occupations tout le tems de la mauvaife faifon, après laquelle mon Patron avoit réfolu, fuivant fa coutume, d'aller demeurer avec fes femmes & tout fon monde, le refte de l'année, à une maifon de campagne qu'il avoit dans les terres à quelques lieues d'Alger. Je vous avois écrit, mon cher pere, quelques jours après mon arrivée chez mon Patron, pour vous prier de me faire la grace de vous rendre chez Mamek-elikak. J'avois remis ma lettre à un Capitaine de Vaiffeau Hollandois, qui, avant de reprendre la route de Hollande, étoit obligé de mouiller à Malte. Il m'avoit promis de s'informer fi vous y étiez encore, & que, fi vous étiez retourné en France, il mettroit ma lettre à la pofte à Marfeille, où il devoit féjourner quelques jours pour les affaires de fon commerce. Je n'étois point encore inquiet de ne point recevoir de vos nouvelles; car en fuppofant que ce Capitaine eût eu le vent favorable, qu'il ne fe fût point beaucoup arrêté à Malte, qu'il fût arrivé fans aucun retardement à Marfeille, qu'il eût été ponctuel à vous faire tenir ma lettre, que vous y euſſiez ſur le champ fait réponſe, ou que vous fuſſiez parti ſans délai, que vous euſſiez trouvé un Vaiſſeau fretté pour Alger, que vous vous y fuſſiez embarqué, & que vous n'euſſiez point été traverſé dans votre navigation, à peine aurois-je pu jouir du plaiſir de vous voir, ou de recevoir de vos nouvelles avant le départ de mon Patron pour la campagne. Je priai Mamek-elykak de charger quelqu'un de lui faire remettre exactement les lettres qui pourroient venir de France pendant ſon abſence, ou de vous conduire à ſa Terre, ſi vous arriviez pendant que nous y ſerions. Après ces précautions, nous partîmes pour nous y rendre. Je fus enchanté de la beauté de ce ſéjour; tout ce que la Nature & l'Art ont de plus agréable, contribuoit à ſon embelliſſement. Des jets d'eaux, des caſcades, des labyrinthes, des quinconces, des tapis de verdure, des antres auſſi anciens que le monde, & garnis de coquillages, des allées d'arbres verds qui formoient autant de berceaux impénétrables aux rayons du ſoleil, & ſous leſquelles les yeux s'étendoient à perte de vue, environnoient les bâtimens qui étoient de la plus noble

Architecture. L'intérieur des appartemens répondoit, par la commodité des distributions & par l'élégance des ameublemens, à des dehors si rians ; mais rien ne me flattoit tant, dans cette délicieuse demeure, que l'aimable liberté qui y regnoit. Mamek-elikak, maître de suivre son inclination, n'y tenoit point ses femmes renfermées ; elles pouvoient, quand elles le souhaitoient, se promener dans le Parc qui étoit spacieux ; je les y accompagnois souvent avec mon Patron & ma chere Zaïde. C'étoit dans ces lieux charmans qu'elles recevoient les leçons que je continuois de leur donner. Comme Zaïde & quelques-unes de ces femmes commençoient à être en état de jouer passablement des musettes, & même des sonates faciles, nous concertions ensemble en présence de Mamek-elikak, qui prenoit un plaisir singulier à nous entendre. Des amusemens si gracieux nous faisoient passer les jours dans une gaieté qui les rendoit encore plus agréables. La liberté dont nous jouissions, donnoit une vivacité aux Dames qui augmentoit leurs charmes. La belle Zaïde, sur-tout, me paroissoit de jour en jour plus aimable ; aussi ma passion pour elle prenoit à chaque instant de nouveaux accroissemens. La tendre langueur avec laquelle cette charmante personne me regardoit, me donnoit lieu de me flatter que son cœur n'étoit pas insensible pour moi. Vingt fois j'avois été prêt à lui faire la déclaration de mon amour, & vingt fois le respect & la timidité m'avoient lié la langue. Je me déterminai néanmoins à rompre ce pénible silence, à la premiere occasion qui se présenteroit : le hasard me la fournit. Un jour que Mamek-elikak étoit occupé à quelques affaires, je descendis au jardin avec Zaïde & ses femmes ; elles voulurent que je leur donnasse le divertissement de la pêche ; je ne pris point la précaution d'appeller quelques esclaves. Je les fis monter dans une petite barque qui étoit sur une nappe d'eau, & prenant la rame, je m'éloignai avec elles du bord. Comme je m'apperçus que la barque, inégalement chargée, penchoit un peu d'un côté, je priai Zaïde de vouloir bien passer de l'autre. En changeant de place le pied lui manqua, & elle tomba dans l'eau. Je quittai aussi tôt la rame, & m'y jettai pour l'en retirer. Ce canal n'étoit pas profond : il n'y avoit pas plus de quatre pieds d'eau. Je la pris entre mes bras, la rapportai fur le bord ; &, me jettant à fes genoux : Que je fuis affligé, belle Zaïde, lui dis-je, d'être l'auteur de cet accident, & que je fuis malheureux d'avoir expofé à ce danger la perfonne du monde qui m'eft la plus chere, &, pour la confervation de laquelle, je donnerois mon fang avec plaifir ! Oui, chere Zaïde, je facrifierois volontiers ma vie pour garantir la vôtre, & pour vous prouver l'amour pur & refpectueux que votre mérite m'a infpiré. Ne vous offenfez point, je vous en conjure, de l'aveu que j'ofe vous en faire. Tant qu'il a été en mon pouvoir de renfermer mes fentimens dans mon cœur, le refpect m'a impofé filence ; mais ma paffion eft parvenue à un fi grand point de vivacité, qu'il m'eft impoffible de vous la taire plus long-tems. Vous la connoiffez, adorable Zaïde : mon fort dépend de vous. Vous pouvez me rendre le plus heureux des mortels, en approuvant mes tendres vœux, ou me donner la mort, en condamnant un amour fi pur & fi ardent. Levez-vous, Zéli, me répondit-elle : je ne fuis pas affez inhumaine pour vouloir donner la mort à une perfonne qui vient d'expofer fa vie, afin de fauver

la

la mienne. Je vous ai d'ailleurs trop d'o-
bligations des soins que vous prenez à
m'instruire, pour vous desirer le moindre mal. Soit devoir, soit reconnoissance, soit autre chose que je ne sçais pas &
que je dois ignorer, tout m'engage à
vous vouloir du bien : ainsi, cher Zéli,
si, comme vous le dites, il dépend de
moi de vous rendre heureux, soyez sûr
que vous le serez. Pénétré de la joie la
plus vive d'une réponse si favorable, je
me jettai une seconde fois à ses genoux,
&, prenant une de ses belles mains qu'elle ne retira pas, je la baisai mille & mille
fois, avec une ardeur qui lui prouva mieux
l'excès de mon amour, que tout ce que
j'aurois pu lui dire. J'étois trop transpor-
té, pour faire attention au danger que les
autres Dames couroient de tomber dans
le canal. Mais, leurs cris ayant attiré
quelques esclaves, ils se jetterent à l'eau,
& ramenerent la barque au rivage. Mamek-elykak, qui, de son appartement,
avoit vu tout ce qui s'étoit passé, vint
aussi dans le jardin, & nous aborda, Zaïde & moi, dans le tems qu'enivré d'a-
mour & de joie, j'avois la bouche collée
sur une de ses belles mains. Mes enfans,
nous dit-il, je suis charmé de voir que

vos fentimens s'accordent fi parfaitement avec le defir que j'avois de vous unir. Zaïde, interdite d'avoir été furprife dans le tems qu'elle m'accordoit une fi légere faveur, rougit & baiffa les yeux. Mon Patron, touché de fon embarras, lui dit : Ne crains point, ma chere fille, de laif-fer appercevoir ta tendreffe pour Zéli ; loin de la blâmer, j'en reffens une par-faite fatisfaction. Vous êtes dignes l'un de l'autre ; & il femble que le Ciel ne vous ait raffemblés chez moi, par divers évènemens, que pour vous unir. Zaïde, raffurée par le difcours de mon Patron, ne fe contraignit plus ; elle m'avoua qu'el-le m'avoit aimé dès la premiere fois que j'avois été introduit chez elle, & qu'elle avoit remarqué que je l'aimois ; qu'elle attendoit depuis long - tems le moment auquel je lui découvrirois mes fentimens; qu'elle s'étoit fait bien de la violence pour me cacher les fiens, & que rien ne pou-voit exprimer combien elle avoit été flat-tée, quand j'avois rompu un filence qui lui avoit coûté tant de foupirs. Depuis ce jour, nous veçûmes, Zaïde & moi, dans une union fi douce, que je ne crois pas qu'on puiffe, fur la terre, jouir d'une félicité fi délicieufe. Mamek-elykak defiroit nous unir au plutôt, afin de mettre le fceau à notre bonheur, & de le rendre plus durable. Nous étions fort embarraffés, Zaïde & moi, fur les moyens de nous marier légitimement. Cette belle perfonne élevée par fa Nourrice, que je croyois toujours fa mere, dans les fentimens de la Religion Catholique qu'elle profeffoit au fond du cœur, ne croyoit pas que les Cérémonies ufitées parmi les Infidèles puffent fuffire pour mettre fon honneur à couvert. D'ailleurs, elle craignoit qu'il ne lui fût pas permis en confcience de fe marier fuivant le Rit de la Loi Mufulmane. Je fentois, auffi bien qu'elle, toutes ces raifons. Outre cela, je ne voulois rien conclure fans avoir demandé & obtenu votre permiffion, mon cher pere. Je fis part à mon Patron des raifons qui retardoient notre union. Pour les premieres difficultés, me dit-il, il feroit fort aifé de les lever, en trouvant un Prêtre efclave qui vous uniroit fuivant les ufages de votre Loi. Le plus grand obftacle, c'eft le confentement de ton pere. Je fuis furpris que tu n'ayes pas encore reçu de fes nouvelles. Au refte, il n'y a pas encore beaucoup de tems de perdu depuis que tu lui as écrit : patientons quelque tems : peut-être viendra-t-il lui-même, par sa présence, mettre le comble à ma satisfaction.

Quand j'avois donné leçon aux femmes de mon Patron, je passois la plus grande partie du tems avec ma chere Zaïde, toujours en présence de sa mere. Mamek-elykak venoit souvent jouir du plaisir d'être témoin de nos innocentes caresses & des tendres marques d'amour que nous nous donnions mutuellement. Plus j'approfondissois cette charmante personne, plus je lui trouvois une élévation d'ame & une noblesse de sentimens, qui étoient au-dessus de ce que je la croyois ; car, comme je l'ai déja dit, je prenois toujours sa Nourrice pour sa mere. Cette bonne femme ne me paroissoit être que d'une condition médiocre. J'en avois plusieurs fois marqué ma surprise à Zaïde, qui avoit toujours changé adroitement de conversation, pour éviter d'en venir à des éclaircissemens : ce qui avoit fortifié le soupçon que j'avois formé qu'elle étoit d'une autre naissance qu'elle ne se disoit. Enfin, un jour que nous étions seuls avec sa mere dans un cabinet de verdure, je la priai avec tant d'instance de ne me pas faire plus long-tems un mystère de sa véritable condition, qu'elle me dit : Il y a long-tems, cher Zéli, que je vous aurois inftruit de ce que vous defirez fçavoir, fi deux raifons ne m'en avoient empêchée. Je voulois ne devoir votre amour & votre fidélité qu'à moi-même, indépendamment de ma condition. J'ai, outre cela, remarqué en vous certaines chofes qui m'ont perfuadée que votre condition eft fupérieure à celle fous laquelle vous vous êtes annoncé. Satisfaites ma curiofité, cher Zéli, & je contenterai la vôtre. Je vous avoue, adorable Zaïde, lui répondis-je, que je fuis fils du Chevalier de .... qui doit le jour au Marquis de C.... qui eft d'une des Maifons de France les plus diftinguées & les plus riches. Quand je tombai au pouvoir de Mamek elykak, comme je ne connoiffois pas fon caractère généreux & bienfaifant, je crus devoir lui cacher ma naiffance, pour recouvrer plus aifément ma liberté. Depuis que fes bienfaits & fes careffes ne m'ont laiffé aucun lieu de douter de fon humanité & de fon amitié pour moi, je n'ai point ofé lui découvrir la vérité, de peur que la feinte dont j'avois ufé, ne le refroidît à mon égard. A peine eus-je achevé ces paroles, que je vis entrer mon Patron, qui m'embraſſa avec une tendreſſe ſi vive, qu'il ne m'en avoit jamais témoigné de pareille. Je ne ſçavois à quoi attribuer ce redoublement d'amitié. D'abord il me vint en penſée que l'arrivée de mon pere pourroit le cauſer. Je le lui demandai avec empreſſement. Non, mon cher Zéli, me dit-il ; mais je le connois, & je vous pardonne votre diſſimulation, en conſidération du plaiſir que j'ai d'apprendre que vous êtes le fils du Chevalier de L . . . . . mon ancien ami. J'ai tout entendu , mes chers enfans, à travers le feuillage de ce berceau. Achevez le récit que vous vouliez vous faire l'un & l'autre ; enſuite, je vous apprendrai des choſes qui vous ſurprendront , & qui peut-être vous feront plaiſir. Je leur racontai donc tout ce qui m'étoit arrivé depuis ma naiſſance juſqu'au moment de notre combat. Enſuite, Mamek-elykak & moi ayant prié Zaïde de nous confier ce qu'elle étoit : Je me ſuis engagée, me dit-elle, cher Zéli, à vous découvrir ce que ma Nourrice avoit toujours tenu caché : je vais vous tenir ma parole. Et vous , mon cher papa , dit-elle à mon Patron, j'eſpere que vous me tiendrez la promeſſe que vous venez de

nous faire de nous pardonner notre diſſimulation. Les mêmes raiſons qui ont empêché mon cher Zéli de découvrir ſa véritable naiſſance , ont engagé Thereſe
(c'eſt le nom de ma Nourrice) à me faire paſſer pour ſa fille , & la même crainte lui a fait continuer ſa feinte juſqu'àpré-
ſent. Je ſuis entrée dans ſes vues , & j'ai
cru qu'il étoit de la prudence de laiſſer
ignorer que je ſuis fille du Comte de
C.... Quoi ! s'écria , Mamek-elykak ,
vous êtes la fille de cet aimable Seigneur?
En vérité , voici des évènemens qui me
pénétrent le cœur , & qui me font admirer les reſſorts impénétrables que la Pro-
vidence fait agir pour parvenir à ſes fins ,
& qui me forcent à rentrer...... Mais ,
continuez , s'il vous plaît , belle Zaïde ,
votre narration. Je tiens , dit cette charmante Demoiſelle, de ma Nourrice ce
que je vais vous raconter ; car j'étois trop
jeune , quand mes malheurs ont commencé, pour les ſentir & pour m'en ſouvenir. Je n'avois que ſix mois , quand une
troupe de voleurs , après avoir pillé le
Château du Comte mon pere , m'enleverent avec Thereſe qui me portoit entre ſes bras, & me liyrerent entre les
mains d'un Armateur Turc. Quelque

M iv

tems après, une furieufe tempête agita le Vaiffeau fur lequel nous étions, avec tant de violence, qu'il fit naufrage. Le Capitaine & tous les Matelots furent engloutis dans la mer. Ma Nourrice, qui me tenoit étroitement, fut jettée, par une lame d'eau, fur un rocher. Quand elle eut repris connoiffance, infenfible à fa propre fituation, elle ne penfa qu'à m'apporter du foulagement. La mer ceffant d'être en fureur, elle chercha, aux environs du rocher, des coquillages dont elle mangea pour être en état de m'allaiter. Elle me ferroit la nuit étroitement contre fon fein, pour m'empêcher de fentir le froid. Elle fut dans cet état terrible pendant trois jours. Elle y feroit morte de froid, & j'y aurois par conféquent péri moi-même, fi, paffant par cette mer, & remarquant les fignes qu'elle faifoit, vous n'aviez eu l'humanité de faire mettre votre Chaloupe à la mer avec quelques Matelots, pour nous venir prendre & conduire à votre bord. Depuis ce moment, nous n'avons ceffé de recevoir de vous des marques fi touchantes de générofité & d'amitié, qu'il faudroit que nous fuffions des monftres d'ingratitude, fi nous n'avions pas pour vous la plus vive tendreſſe. Voilà, cher papa, ce que vous avez deſiré ſçavoir. Oſerai-je vous prier de nous faire part de ce que vous nous avez promis de nous confier, & de nous faire connoître à qui nous avons des obligations ſi eſſentielles ? Car, outre que vous êtes François, la connoiſſance que vous avez du pere de mon cher Zéli & du mien, eſt un nouveau motif qui redouble le deſir que j'avois, depuis long-tems, de ſçavoir les aventures qui vous ont conduit dans ce Pays. Je n'ai jamais oſé vous prier d'avoir en moi cette confiance ; mais la promeſſe que vous venez de nous faire, me fait prendre la liberté de vous preſſer de ne pas différer plus long-tems à nous accorder cette ſatisfaction. Soyez perſuadé, mon cher papa, que vous ne pouvez ouvrir votre cœur à des perſonnes qui vous aiment plus ſincèrement que mon cher Zéli & moi, ni qui prennent un ſi tendre intérêt à ce qui vous regarde. Je joignis mes inſtances à celles de ma chere Zaïde, pour l'y engager. Mamek-elykak reſta pendant quelque tems ſans nous répondre. Il étoit comme un homme qui médite quelque grand projet, & qui eſt embarraſſé ſur le parti qu'il doit prendre. Nous nous re-

M v

gardions en silence, Zaïde & moi, incertains du sujet qui pouvoit le plonger dans une rêverie si profonde. Après avoir réfléchi pendant environ un quart d'heure : Le sort en est jetté, mes chers enfans, nous dit-il, en nous embrassant : ma résolution est prise : je vais vous apprendre des choses qui vous étonneront. Therese, tenez-vous en dehors, pour avertir, quand vous verrez venir quelqu'un, afin qu'on ne puisse écouter le récit que je vais faire.

Mon nom est le Chevalier de la Ville. Je l'interrompis à ce début, & l'embrassant avec transport : Quoi ! mon cher Patron, vous êtes le pere de la belle & malheureuse Diane, premiere épouse de mon cher pere, & dont la mort lui a coûté tant de larmes, que seize ans n'ont pu les tarir ? Oui, mon cher Zéli, me répondit-il, en soupirant, je suis ce pere infortuné, qui, désespéré de la perte de mon aimable fille, vendis mon bien & vins à St. Malo, où je m'associai avec un Armateur. Mon dessein, en faisant cette démarche, n'étoit pas de m'enrichir des dépouilles des ennemis. Résolu de mourir, je crus, en prenant ce parti, trouver plus promptement la mort que je souhaihaitois, parce qu'il n'est guere d'état où l'on soit plus exposé que dans celui-là. Aussi, la témérité avec laquelle je me précipitai dans les dangers, fit-elle bientôt connoître à mon associé, l'indifférence que j'avois pour la vie ; il me pria de me ménager plus que je ne faisois. Ses conseils & ses prieres furent inutiles, &, dans différens combats que nous eumes à soutenir, dans les commencemens de notre campagne, j'étois toujours le plus ardent à faire tête aux ennemis. La France, ayant reçu quelque mécontentement de la part de la Régence d'Alger, lui avoit déclaré la guerre. Quand nous rencontrions quelque Bâtiment portant pavillon Algérien, nous l'attaquions ; plusieurs nous avoient déja échappé à la faveur du vent & de la nuit. Trois de ces Corsaires que nous avions maltraités, se liguerent contre nous, & fondirent sur notre Vaisseau avec tant d'impétuosité, que ne pouvant résister à une force si supérieure, mon associé, qui commandoit en chef, fut obligé de se rendre. J'étois au désespoir de n'avoir point trouvé la mort que je desirois avec tant d'ardeur. On commença par nous mettre aux fers pendant que nos vainqueurs partagerent les dépouilles de notre Vaiſſeau. Ils nous firent enſuite monter ſur le pont, & nous tirerent au ſort. Le Patron, à qui j'échus en partage, me diſtingua du reſte des priſonniers ; il me fit ôter mes fers & me donna des marques d'humanité qui auroient pu adoucir ma peine, ſi quelque choſe eût été capable de modérer la douleur que je reſſentois de la mort de ma chere Diane. Quand il fut de retour à Alger, il me chargea d'avoir ſoin du petit jardin que vous ſçavez qui eſt deſſous les fenêtres de l'appartement qu'occupent mes femmes, & qu'habitoient les ſiennes. Je n'avois dans ce jardin d'autre occupation que de cultiver les fleurs qu'il y avoit fait planter. Ce fut pour moi une grande conſolation d'avoir un emploi qui me laiſſoit la liberté de penſer ſans contrainte à mes malheurs ; je m'en acquittai avec une exactitude qui le contenta. Tous les matins je lui faiſois des bouquets que je lui portois, & qu'il donnoit à ſes femmes. Il y avoit déja un an que j'étois dans ces tranquilles occupations, lorſque j'apperçus, à une des fenêtres, une main qui me faiſoit quelques ſignes. Je m'approchai, &, quand je fus au pied du mur, on me jetta une petite corbeille tiſſue de foie & d'or, dans laquelle je trouvai un petit billet conçu en ces termes :

On defire vous voir & vous parler , pour vous communiquer des chofes importantes , & qui ne vous déplairont pas. Rendez-vous, ce foir , à onze heures , à la porte de cet appartement , & ne craignez pas de fuivre la perfonne que vous y trouverez.

Je ne fus pas furpris de ce que ce billet étoit en François, car mon Patron le parloit affez bien, & pouvoit l'avoir appris à la perfonne qui l'avoit écrit ; mais je ne concevois pas la raifon pour laquelle on exigeoit de moi cette entrevue nocturne. Que peut-on avoir d'important à me communiquer, me difois-je à moi-même? Quelle chofe au monde peut me faire plaifir depuis que j'ai perdu ma chere Diane? Cependant faifant réflexion que ce billet pouvoit me venir de quelque Demoifelle qui gémiffoit dans la fervitude, & qui avoit befoin de mon fecours, je me déterminai à me trouver au rendez-vous. Je n'ignorois pas le danger auquel je m'expofois en faifant cette démarche ; mais, infenfible à la vie, pouvois-je craindre de la perdre? Je me rendis donc à l'heure marquée à cette porte qui me fut ouverte par un vieil Eunuque, qui me conduisit dans un cabinet, où je trouvai une jeune personne extrémement aimable, & dans le déshabillé le plus galant. ,, Je crois, me dit-elle, que vous ,, me tiendrez compte de la faveur que ,, je vous fais ; elle doit vous prouver la ,, haute estime que j'ai conçue de vous. ,, Vos manières nobles & aisées m'ont ,, persuadé que vous étes François ; j'aime ,, les personnes de cette nation où ma ,, mere avoit pris naissance ; & pour peu ,, que vous vous rendiez digne des senti- ,, mens que j'ai pour vous, vous n'aurez ,, pas lieu de vous plaindre de la for- ,, tune ,,. Je vous avouerai, mes chers enfans, que je ne pus me défendre d'être sensible aux avances de cette charmante personne. L'amour s'insinua dès ce pre- mier moment dans mon cœur, & dicta la réponse que je lui fis. Nous convin- mes de nous revoir tous les jours, à la même heure, & de la même manière. » N'appréhendez rien, me dit-elle, » avant que je la quittasse, du ressenti- » ment de Muselay (c'étoit le nom de » mon Patron qui étoit son pere) car » quand il vous surprendroit avec moi, » il m'aime tant, qu'à ma priere il vous » pardonneroit. D'ailleurs, je sçais qu'il

» eſt bien diſpoſé pour vous, il m'a parlé
» de votre mérite de la façon la plus
» avantageuſe, & s'il pouvoit vous per-
» ſuader d'embraſſer la Loi de notre St.
» Prophète, il conſentiroit volontiers à
» votre union avec moi ». Je quittai ma
charmante Nazila (ainſi s'appelloit cette
aimable perſonne) en l'aſſûrant que rien
n'étoit capable de m'intimider lorſqu'il
s'agiſſoit de me procurer le plaiſir de la
voir, & que je ne croirois pas trop payer
une ſi précieuſe faveur au prix de tout
mon ſang. La converſation que je venois
d'avoir avec la belle Nazila, me rappella
celles que j'avois eues avec mon Patron,
qui, parmi les marques de bonté qu'il
me prodiguoit, me faiſoit toujours connoître le deſir qu'il avoit de me voir Muſulman. Je continuai à voir toutes les
nuits cette tendre Africaine que je trouvois toujours plus aimable, & pour laquelle je me ſentois de plus en plus paſſionné. Mais un jour que nous étions
occupés à nous faire mille ſermens de
nous aimer éternellement, Muſelay entra dans le cabinet où nous étions, un
poignard à la main. La fureur qui paroiſſoit dans ſes yeux, marquoit combien
il étoit irrité. Il commença par accabler

des reproches les plus fanglans fa fille &
moi ; enfuite me mettant le poignard fur
la gorge : ›› Malheureux , me dit-il,
›› eft-ce ainfi que tu reconnois les bontés
›› que j'ai eues pour toi ? Lâche fubor-
›› neur, crois-tu avoir impunément dés-
›› honoré ma fille ? Non ; je vais vous
›› immoler tous deux à ma jufte ven-
›› geance, fi tu ne répares ton crime en
›› abjurant le Chriftianifme, & en te fai-
›› fant Mufulman. Ce n'eft qu'à ce prix
›› que tu peux obtenir ta grace & celle
›› de Nazila. Je veux bien te promettre
›› qu'à cette condition, je vous rendrai à
›› tous deux mon amitié, & que je vous
›› unirai avec plaifir ››. Je ne répondois
rien ; la feule penfée de trahir ma foi,
me faifoit frémir d'horreur. Mufelay,
voyant que je gardois le filence : ›› Tu ne
›› veux donc pas, me dit-il, faire ce que
›› je t'ordonne ? Infâme Chrétien, tu vas
›› voir expirer ta Maitreffe à tes yeux.
›› Ce fanglant fpectacle rendra ta mort
›› plus affreufe ››. Il me quitta, & prenant fa fille qui étoit plus morte que
vive, il alloit lui plonger fon poignard
dans le fein. J'avois été peu touché de
mon propre danger ; mais, quand je vis
ma chere Nazila prête à recevoir le coup

de la mort, l'amour, plus fort que la Religion , me fit prendre la réſolution de la ſacrifier à la conſervation d'une perſonne ſi charmante. » Arrêtez , Mu- » ſelay , m'écriai-je avec tranſport : » épargnez des jours ſi précieux ; je ſuis » prêt à faire ce que vous exigez de moi. Je ne lui eus pas plutôt donné cette pa- role, que je vis ſes regards s'adoucir. » Mamek-elikak, me dit-il , je t'ai » toujours eſtimé : il y a long-tems que » je ſouhaite te voir Muſulman pour t'u- » nir avec ma fille. Viens accomplir ta » promeſſe & tu ſeras le plus heureux de » tous les hommes. Mais, je te jure que » ſi tu t'étois obſtiné à me refuſer cette » ſatisfaction, quelques regrets qu'il ait » pu me coûter, je vous aurois ſacrifiés » tous deux ; car, j'ai une ſi grande hor- » reur pour les Chrétiens, que je n'au- » rois pu pardonner à ma fille de t'ai- » mer , ni à toi d'avoir oſé entrer de » nuit dans la chambre d'une Muſul- » mane ». Dès la pointe du jour, Mu- ſelay m'ôta les habits d'eſclave, me don- na le turban, & on me fit circoncire. Auſſi-tôt que je fus guéri, il me fit épou- ſer ſa fille, & nous donna la moitié de tous ſes biens. J'aurois été infiniment heureux, par la possession de ma chere Nazila, si les remords de ma conscience n'avoient pas empoisonné le bonheur dont je jouissois. C'est ainsi, mes chers enfans, que j'ai été obligé de devenir Renégat. Obligé de paroître extérieurement Mahométan, j'ai toujours conservé, dans le fond du cœur, les sentimens de Christianisme dans lequel j'ai été élevé.

La mort de Muselay, qui survint quelque tems après mon mariage avec Nazila, me mit en possession de tous ses biens. Sa fille en fut fort touchée ; je l'en consolai néanmoins par le redoublement de mes tendres caresses. Cette mort m'eût beaucoup affligé, si la violence qu'il m'avoit faite pour me forcer à prendre le turban, ne m'eût pas laissé contre lui, au fond de l'ame, une semence d'animosité que je n'ai pu jamais étouffer. Tant que ma chere épouse a vécu, je n'ai point voulu profiter de la permission que Mahomet a donné à ses Sectateurs d'avoir plusieurs femmes ; je l'aimois trop passionnément pour partager mon cœur avec d'autres. Ce n'est que depuis quelques années que, la mort me l'ayant enlevée, je me suis déterminé à prendre celles que vous avez vues, pour dissiper, par la variété des objets , la douleur qu'une perte si sensible m'avoit causée.

Je n'ai jamais perdu de vue, mes chers enfans, le projet de repasser en France pour y reprendre l'exercice de la Religion de mes Peres, & expier dans la pénitence, la foiblesse que j'ai eue de trahir extérieurement ma foi ; mais je n'ai point encore pu trouver l'occasion de le faire avec sûreté. La Régence n'est point sans soupçon sur mon compte. On sçait que ce n'est que par contrainte que j'ai changé de Religion ; on ne m'a jamais vu zélé pour l'Alcoran ; on se défie de moi. Obligé par les grands biens dont j'ai hérité de Muselay, d'entretenir comme lui un Bâtiment pour le service de la Régence, on ne m'a, jusqu'à présent, jamais laissé aller seul en course, de peur que je ne profitasse de cette occasion pour renoncer au Mahométisme, & retourner dans ma Patrie. Quand le besoin de l'Etat a obligé le Dey de m'ordonner de me mettre en mer, il a toujours eu la précaution de me joindre avec d'autres Corsaires à qui il recommandoit secrettement de veiller sur moi, & de ne point me laisser échapper. Malgré cela, depuis que , conformément à l'usage de tous les Mahométans, j'ai pris plusieurs femmes, que j'ai eu soin de fréquenter les Mosquées, que j'ai affecté de paroître en Public bon Musulman, on commence à avoir moins de défiance de moi. J'espere que, quand mon tour sera venu d'armer, on ne prendra plus contre moi tant de précautions, & que je trouverai jour à m'échapper. Oui, mes chers enfans, je desire avec passion revoir ma Patrie. La connoissance que j'ai de votre naissance, augmente en moi ce desir. Il me tarde déja d'avoir le plaisir de vous rendre à vos parens. J'espere que le Ciel, qui connoît la sincérité de mon cœur, m'en fournira l'occasion plus promptement que je ne pense, & que je ne puis prévoir.

Mamek-elikak finit son récit, en nous embrassant. Nous le remerciâmes de sa complaisance & du dessein où il étoit de nous procurer la satisfaction de nous faire revoir notre patrie. Il nous réitéra la promesse de ne rien négliger pour y parvenir. Cette flatteuse espérance ranima la joye que nous goûtions dans ce charmant séjour. Content, plus que je ne puis l'exprimer, de trouver dans ma chere Zaïde une Demoiselle de la premiere condition, & dans mon Patron, un ami de mon pere & qui m'étoit allié, j'efperois qu'après ces heureufes découvertes, le Ciel mettroit le comble à fes faveurs, en nous fourniffant les moyens de retourner heureufement en France. Cette aimable perfonne n'étoit pas moins fatiffaite de ne s'être point trompée dans la conjecture qu'elle avoit formée que ma naiffance n'étoit pas indigne de la fienne. Cette conformité de conditions nous donnoit lieu d'efpérer que nos parens n'apporteroient aucun obftacle à notre bonheur : mais hélas ! dans le tems que nous croyions toucher au point de la félicité la plus pure, le Sort nous préparoit les plus triftes revers. Peu de jours après l'aventure du cabinet de verdure, Mamekelikak tomba malade. Il fe fit tranfporter à Alger, pour être plus à portée de recevoir les fecours qui lui étoient néceffaires. Ses femmes, Zaïde & moi l'accompagnâmes avec tout fon monde. Les médicamens, ni nos foins, ne purent foulager fon mal qui, s'aigriffant de jour en jour, le réduifit enfin à un état qui fit défefperer de fa vie. Dans cette extrémité, il fit fon teftament, par lequel il nous laiffa, à Zaïde & à moi, tout fon bien. Après quoi, nous ayant

embrassés avec beaucoup de tendresse :
» Mes chers enfans, nous dit-il, je vois
» bien que le Ciel, pour me punir de
» mon infidélité extérieure, veut me
» priver de la consolation de rentrer dans
» le sein de l'Eglise Catholique, & du
» plaisir de vous rendre à vos parens.
» J'espere cependant de sa miséricorde,
» qu'il ne rejettera pas la sincérité de mon
» repentir. Recevez, mes chers enfans,
» mes derniers sentimens, & soyez les
» témoins & les dépositaires de la Foi
» dans laquelle je meurs ». Il récita ensuite le Symbôle de Nicée, avec une
ferveur qui marquoit bien que c'étoit son
cœur qui le lui dictoit. Quand il l'eut fini,
il continua ainsi : » Je vous souhaite,
» mes chers enfans, tout le bonheur pos-
« sible : ne négligez pas de retourner en
» France le plutôt que vous pourrez :
» votre Foi seroit trop exposée ici. Se-
» chez vos larmes : pensez quelquefois à
» moi ; c'est l'unique récompense que j'e-
» xige de vous, pour prix de la ten-
» dresse que je vous ai témoignée ».
Nous étions si affligés, Zaïde & moi,
que nous ne pûmes lui répondre que par
nos larmes. Il se tourna de l'autre côté
de son lit, pour ne point être témoin

de notre douleur , & pour penser plus
librement à son salut ; & , après avoir
prononcé à haute voix les prieres les plus
pieuses , il rendit les derniers soupirs.
Rien ne peut exprimer combien sa mort
nous toucha : Zaïde, sur-tout , en fut ex-
cessivement affligée. Il l'avoit élevée, lui
avoit tenu lieu de pere , & en avoit toujours eu pour elle les sentimens & les
soins. Quoique je fusse pénétré de douleur de cette perte , je fus obligé de me
faire effort pour consoler cette aimable
fille , de peur que l'excès de son affliction ne nuisît à sa santé. Quelques jours
après ce funeste accident , notre chagrin
fut encore augmenté par un revers plus
terrible , & qui étoit une suite du premier. Le Cadi nous fit donner ordre, à
Zaïde & à moi , de le venir trouver.
Nous nous y rendîmes. » Je sçais , nous
,, dit-il , que Mamek-elikak vous a don-
,, né , par son testâment , tout son bien ;
,, mais voici un des parens de Muselay
,, qui le revendique. Il prétend que, com-
,, me Mamek-elikak n'a hérité de Muse-
,, lay , que parce qu'il s'étoit fait Musul-
,, man, sans quoi la donation qu'il lui avoit
,, faite eût été nulle, vous, qui êtes Chré-
,, tiens , ne pouvez légitimement possé-

„der ce bien, & qu'il doit lui revenir,
„puisqu'il est le plus proche parent de
„Muselay; Qu'avez-vous à objecter à cela? Je lui dis que, n'étant point bien au fait
des coutumes du pays, je ne pouvois
pas sçavoir si la prétention de ce parent
étoit bien fondée ou non: qu'il me paroissoit néanmoins qu'en ne suivant que
le droit naturel, Mamek-elikak, possé-
dant légitimement ce bien, & n'ayant
point d'enfans, avoit été maître d'en disposer en faveur de qui bon lui avoit sem-
blé. Je tirai en même tems de ma poche
le testament, que je remis au Cadi, en le
priant de vouloir bien se donner la peine
de le lire, & qu'il verroit que la dernière
volonté de Mamek-elykak y étoit expli-
quée d'une maniere qui ne laissoit aucun
doute. Il le prit; mais il n'eut pas plutôt jetté les yeux dessus, qu'il s'écria:
„Voici un défaut de formalité essentiel.
„Mamek elykak ne l'a point commencé
„par l'invocation de notre St. Prophète,
„&, quoique tout le reste soit nettement
„exprimé, vous perdez votre droit par
„ce défaut. Je me sens cependant de l'in-
„clination à vous obliger, & je vous
„confirmerai la possession de cette suc-
„cession, pourvu que vous embrassiez la
Religion

,, Religion des vrais & fidèles Croyans ,,.
Cette proposition me fit frémir. Je re-
gardai Zaïde, & je lus dans ses yeux
qu'elle en avoit autant d'horreur que moi.
Je répondis au Cady que tous les biens du
monde ne nous engageroient point à
trahir notre Foi ; mais que je présumois
assez de son équité & de son humanité,
pour esperer qu'il ne nous priveroit pas
d'une succession qu'il voyoit bien nous appartenir légitimement, puisque la différence de sentimens, en fait de Religion,
ne frustroit pas les hommes des droits
qu'un Acte aussi authentique que l'est un
testament, leur donne. ,, Je ne puis,
,, nous dit-il, rien faire autre chose pour
,, vous: voyez si vous voulez devenir Mu-
,, sulmans : il n'y a point de milieu; prenez
,, votre parti ,,. Il est tout pris, lui dis-
je ; jamais nous ne ferons rien de contraire à notre conscience. Que le parent de
Muzelay s'empare de la succession de Mamek-elykak, puisque nous ne pouvons
la conserver qu'à ce prix. Au moins, je
crois que vous ne vous opposerez pas à
notre retour en France, & que vous aurez la générosité de nous en faciliter les
moyens. » Avez-vous, nous dit-il, un
» billet, par lequel Mamek-elykak dé-

,, clare vous affranchir ,, ? Son teſtament, lui répondis-je, prouve aſſez qu'il nous regardoit comme libres. Le Cady le relut. ,, Je ne vois, nous dit-il, aucune ,, clauſe où il faſſe mention de votre af- ,, franchiſſement : vous êtes encore eſcla- ,, ves : en cette qualité, vous faites partie ,, de la ſucceſſion de Mamek - elykak : ,, vous appartenez, ſelon la Loi, au pa- ,, rent de Muzelay : je ne puis le priver ,, de ſon bien, en vous permettant de re- ,, tourner dans votre Patrie : ainſi, je ,, ne vois pour vous qu'un moyen d'évi- ,, ter la ſervitude, & de rentrer dans ,, le bien de votre Patron ; c'eſt de croire ,, à l'Alcoran ,,. Zaïde, frappée de cette affreuſe Sentence, s'évanouit. Je voulus la ſoutenir entre mes bras ; mais je tombai comme elle ſans ſentiment. Je ne ſçais ce qui ſe paſſa pendant notre éva- nouiſſement, qui fut ſans doute bien long, puiſque, quand j'en ſortis, je me trouvai dans une maiſon qui m'étoit inconnue, confondu avec une trentaine d'eſclaves. Dès que j'eus repris l'uſage de mes ſens, je demandai à un de ces malheureux s'il ſçavoit ce qu'étoit devenue Zaïde. Il me dit qu'il ne la connoiſſoit pas, & qu'il n'avoit jamais entendu parler de perſonne qui portât ce nom. Et, où suis-je donc, repartis-je avec la plus vive douleur ? ,, Tu es, me répondit-il, dans la maison ,, de Murem , parent de Muzelay, qui ,, vient d'hériter des biens de Mamek- ,, elykak, dont il est allé prendre posses- ,, sion. Je plains ton fort, continua-t-il , ,, d'être tombé entre les mains d'un Pa- ,, tron si dur & si inhumain ; car tu me ,, parois bien délicat pour supporter les ,, travaux pénibles auxquels on nous for- ,, ce de travailler, sans nous donner d'au- ,, tre nourriture que de mauvais pain & ,, de l'eau. Ce qu'il y a de plus cruel ,, pour nous, c'est d'avoir affaire à un ,, Renégat Vénitien qui a la direction des ,, malheureux qui sont enfermés ici , ,, sans espérance d'en sortir. Ce traître ,, est impitoyable ; &, pour peu que, par ,, fatigue ou par épuisement, un esclave ,, se ralentisse dans son travail, il le fait ,, assommer de coups ,,. Ce récit, tout affreux qu'il étoit , me parut moins ter- rible que l'incertitude de l'état où se trou- voit ma chere Zaïde. Peut-être, me di- sois-je à moi-même , son barbare Pa- tron, sans égard pour sa naissance, em- ploye-t-il la dernière violence pour as- souvir sur elle sa brutalité. Cette pensée fut pour moi un supplice continuel pendant deux ans & demi que je fus enfermé avec ces esclaves. Obligé de travailler comme un forçat, pour me souftraire à la fureur du Renégat Vénitien, je n'avois pas même la confolation de trouver un feul homme à qui je puffe confier mes chagrins, ni avec lequel je puffe lier converfation. Tous mes compagnons de fervitude n'étoient que des gens groffiers & féroces, qui fembloient être nés pour le fort qu'ils fubiffoient. Cent fois, je tentai d'adoucir l'humeur farouche & inhumaine de notre furveillant; &, comme j'avois confervé les Bijoux que j'avois fur moi quand je me rendis chez le Cady, je tâchai, par l'efpoir de la récompenfe, de l'engager à me donner des nouvelles de Zaïde, à me permettre de lui écrire & à me rapporter fa réponfe. Rien ne put l'ébranler, & tous mes efforts furent inutiles. Quelle fituation! Etre épris de la plus forte paffion pour la plus aimable perfonne du monde, la fçavoir au pouvoir d'un tyran cruel, ne pouvoir pas lui donner de mes nouvelles, ni recevoir des fiennes! être enfermé avec la plus vile canaille, fans efperer de liberté! fe voir contraint de travailler fans relâche!

n'avoir que des vivres groſſiers & ſans ſubſtance ! Outre ces maux, l'inquiétude où j'étois à votre ſujét, mon cher pere, & l'impoſſibilité de vous inſtruire de mon déplorable ſort, étoient pour moi un redoublement de tourmens bien ſenſibles. Je ne comprends pas comment j'ai pu ſupporter un état ſi violent, ſans y ſuccomber. Il faut que le Ciel m'ait ſoutenu d'une façon ſurnaturelle. Peut-être m'a-t-il fait cette grace pour récompenſer la fidélité que je lui ai témoignée, en préférant la privation d'un bien conſidérable, & la ſervitude, au changement de Religion.

Un jour, j'étois reſté ſeul dans la cour de notre priſon, pendant que mes compagnons d'eſclavage étoient allés ſe délaſſer de leurs travaux dans les bras du ſommeil. Le clair de Lune favoriſoit le deſſein où j'étois de m'y promener, pour penſer en liberté à ma chere Zaïde. Je fus dans le dernier étonnement de m'y voir abordé par une femme; car, depuis que j'y étois, je n'en avois pas vû. Je ne la reconnus pas d'abord. Elle me remit un billet que j'ouvris avec précipitation. Il étoit conçu en ces termes :

Trouvez-vous, cher Zéli, demain à mi-

nuit, à la porte du jardin de Mamek-elykak qui donne fur le bord de la mer. Je ne puis confier au papier les raifons qui m'engagent à vous donner cet avis. Thérefe vous en inftruira de vive voix. Tout ce qui m'eft poffible de vous dire, c'eft que vous y trouverez votre tendre & fidelle Zaïde.

Je fus ravi de joie à la lecture de ce billet; je le baifai cent fois. Thérefe interrompit mes tranfports, en me difant: » Ne perdons pas, cher Zéli, un tems » précieux que je dois employer à vous » apprendre des chofes qui vous impor- » tent extrêmement ». Je l'embraffai, en la remerciant de la démarche qu'elle faifoit en ma faveur. » Parlons bas, me » dit-elle; car, fi on entendoit ce que » j'ai à vous dire, nous ferions perdus. » Vous devez avoir été bien inquiet de » n'avoir pas reçu de nos nouvelles. Mais » je crois que vous nous avez rendu la » juftice de croire qu'il nous a été im- » poffible de vous en donner, de même » que nous avons attribué votre filence „ au défaut de moyens de faire parvenir „ vos lettres jufqu'à nous „.

„ J'ai été extrêmement allarmée de „ l'ordre que le Cady vous avoit fait „ donner de l'aller trouver. J'avois un

,, certain preſſentiment du malheur qui
,, vous menaçoit. J'attendois avec impa-
,, tience votre retour, lorſque je vis en-
,, trer Murem ſuivi de deux eſclaves qui
,, rapportoient Zaïde dans ſon apparte-
,, ment. Je la crus morte : vous pouvez
,, juger, cher Zéli, quelle fut ma dou-
,, leur, vous qui ſçavez combien je l'ai-
,, me. Je me jettai ſur ſon corps froid,
,, que j'arroſai de mes larmes. Mes ſan-
,, glots & mes ſoupirs ne me permet-
,, toient pas de dire autre choſe que....
,, Ah ! Zaïde ! ah ! ma chere fille !.....
,, quoi ! tu n'es plus ! ma chere fille !....
,, Conſole-toi, me dit Murem, d'une
,, voix dure : ta fille n'eſt pas morte : elle
,, n'eſt qu'évanouie; ce n'eſt rien ; & je
,, vais la faire revenir. Il tira auſſi-tôt de
,, ſa poche un petit flacon plein d'une li-
,, queur ſpiritueuſe dont l'effet fut ſi ſub-
,, til, qu'il ne l'eût pas plutôt ouvert, &
,, mis ſous les narines de Zaïde, qu'elle
,, donna quelques ſignes de vie. Petit à
,, petit, la connoiſſance lui revint entiè-
,, rement. Elle vous chercha long-tems
,, des yeux, cher Zéli, &, ne vous
,, voyant pas, elle fondit en larmes.
,, Ne t'afflige pas, Zaïde, lui dit Mu-
,, rem : tu es au pouvoir d'un Patron qui

,, te rendra plus heureuſe que n'auroit pu
,, faire Mamek-elykak , qui n'étoit pas
,, Muſulman dans l'ame , & qui d'ail-
,, leurs étoit trop âgé pour une jeune per-
,, ſonne comme toi. Tu peux te promet-
,, tre les plaiſirs les plus vifs ; car je te
,, déclare que je me ſens pour toi plus
,, d'inclination que pour mes autres fem-
,, mes. Tu ſeras la favorite , & tu occu-
,, peras dans mon cœur la premiere place.
,, Enſuite , s'adreſſant à moi : Aye bien
,, ſoin de ta fille , me dit-il , & , pour t'y
,, engager plus fortement , ſonge que ta
,, vie dépend de la conſervation de la
,, ſienne. Quand il fut ſorti , Zaïde , dé-
,, ſeſperée de ne plus vous voir , & du
,, fort qu'on lui deſtinoit, me fit les plain-
,, tes les plus touchantes. Je fis ce qui dé-
,, pendit de moi pour la conſoler ; mais
,, ſa douleur étoit trop vive, pour être ſuſ-
,, ceptible de modération. Son tempé-
,, rament ne put ſoutenir tant de violens
,, aſſauts. Elle tomba malade : Murem
,, en fut allarmé. Il lui fit donner tous
,, les ſecours poſſibles, & ne la quittoit
,, preſque pas. Sa préſence irritant ſon
,, mal , elle fut bientôt réduite à l'extré-
,, mité. Comme je ſçavois que ſa maladie
,, n'étoit cauſée que par le chagrin d'être

,, féparée de vous, cher Zéli, & par la
,, crainte du fort que Murem lui defti-
,, nöit, je crus que, fi je pouvois décou-
,, vrir ce que vous étiez devenu, & vous
,, introduire dans fa chambre, votre pré-
,, fence la foulageroit infiniment plus que
,, tous les remedes qu'on pouvoit lui faire
,, prendre. Je ne négligeai rien pour dé-
,, couvrir où vous étiez, & pour vous
,, donner de nos nouvelles. Mes recher-
,, ches furent vaines. La pauvre Zaïde fut,
,, pendant deux ans, dans un état qui
,, faifoit à tout moment craindre pour fa
,, vie. Une fi cruelle fituation me perçoit
,, le cœur. Je réfolus de faire une dernie-
,, re tentative pour vous trouver. J'avois
,, remarqué que Lufaïm, Intendant de
,, Murem, avoit été vivement frappé de
,, la beauté de Zaïde qu'il avoit vue,
,, quand on l'avoit apportée de chez le
,, Cady. Il m'avoit demandé cent fois
,, comment elle fe portoit, avec un em-
,, preffement qui marquoit qu'il en étoit
,, fortement amoureux. Cette circonftan-
,, ce me parut favorable à mon deffein.
,, Je formai le projet d'en profiter dès la
,, premiere occafion qui s'en préfenteroit.
,, Il m'étoit libre de fortir, quand je vou-
,, lois, de l'appartement de Zaïde, pour

,, faire préparer les choses dont elle avoit
,, besoin. Lusaïm épioit les momens aux-
,, quels il pouvoit me rencontrer seule,
,, pour me parler d'elle. Dès qu'il m'a-
,, borda, je lui dis que j'avois remarqué
,, sa passion pour ma fille, que, loin de
,, la condamner, je me sentois disposée
,, à la favoriser ; mais c'est à une condi-
,, tion, lui dis-je, qui vous coûtera peu,
,, & qui lui sauvera la vie. Zaïde n'est
,, malade que de l'opinion où elle est de
,, la mort de son frere Zéli qu'elle aime
,, beaucoup. Pour moi, je soupçonne
,, qu'il vit encore. Je crois même qu'il
,, est enfermé, avec d'autres esclaves,
,, dans l'ancienne maison de Murem. Tâ-
,, chez donc de sçavoir ce qu'il en est, &
,, comptez que vous aurez lieu d'être
,, content de ma reconnoissance. Lusaïm,
,, qui n'avoit jamais osé s'ouvrir à moi,
,, fut ravi de me voir dans des dispositions
,, si flatteuses pour lui. Il me promit de
,, me donner dans peu les éclaircissemens
,, que je desirois. Je le quittai prompte-
,, ment, de peur qu'un plus long entre-
,, tien ne nous rendît suspects, & je cou-
,, rus apprendre à Zaïde ce que je venois
,, de faire. Cette nouvelle ranimant un
,, peu ses forces : Ma chere mere, me

,, dit - elle , d'une voix entrecoupée de
,, foupirs, s'il eft vrai que Lufaïm m'ai-
,, me , comme vous le dites , j'entrevois
,, un foible rayon d'efpérance , non feu-
,, lement de revoir mon cher Zéli , mais
,, encore de le retirer avec moi de l'ef-
,, clavage. Je lui demandai par quel
,, moyen elle efperoit y réuffir. Voici ,
,, me dit-elle, ce que j'imagine. Je fein-
,, drai de répondre à la paffion de Lufaïm;
,, car il me femble que , pour fauver la
,, vie de deux infortunés , il m'eft permis
,, d'ufer de cet innocent artifice. Quand
,, je le verrai épris au point que je le de-
,, fire : Voudriez-vous , lui dirai-je, con-
,, fentir à voir une perfonne pour qui
,, vous jurez avoir un amour fi vif , &
,, qui vous paye d'un fi fincère retour, dans
,, la dure néceffité de paffer entre les bras
,, de votre barbare Patron ? C'est pour-
,, tant le fort qui m'eft deftiné. Mais je
,, vous protefte que je le hais au point ,
,, que je me donnerai moi-même la mort,
,, pour me fouftraire à fa violence, fi vous
,, n'êtes pas affez généreux pour m'en
,, délivrer par la fuite. Je lui apprendrai
,, enfuite qui je fuis. Je lui dirai qu'il
,, trouvera en France une retraite af-
,, furée & honorable, & que Zéli, que

N vj

„ je ferai toujours paſſer pour mon frere,
„ par reconnoiſſance de la liberté qu'il
„ lui aura rendue ainſi qu'à moi, preſſera
„ mon pere de conſentir à notre union ;
„ ce que la joie d'avoir retrouvé , par
„ ſon moyen, ſes deux enfans, ne lui
„ permettra pas de refuſer. Murem, con-
„ tinua-t-elle , a une confiance entière
„ en Luſaïm : il ſe décharge ſur lui du
„ ſoin de toutes ſes affaires : il lui laiſſe
„ un pouvoir abſolu ſur ſes eſclaves : il
„ lui donne le commandement de ſes
„ Vaiſſeaux. Quand il eſt obligé d'armer
„ pour le ſervice de la Régence , il l'en-
„ voye en courſe, & reſte tranquille chez
„ lui. Pour peu que Luſaïm ait de bonne
„ volonté , il lui ſera aiſé d'exécuter cet-
„ te entrepriſe , ſans courir aucun riſque.
„ Quand nous ſerons en France , j'aurai
„ la force en main, & il ne me ſera pas
„ difficile de dégager ma parole. Que
„ penſez-vous , ma chere mere , de ce
„ projet. J'admirai la promptitude avec
„ laquelle elle l'avoit formé. Que l'a-
„ mour eſt ingénieux, ma chere fille, lui
„ dis-je! Rien n'eſt mieux concerté que
„ ce que vous venez de me dire ; & j'eſ-
„ pere que le ſuccès en ſera heureux. Je
„ vous ſeconderai, autant que je pour-

„ rai, dans votre feinte. Lusaïm me pa-
„ roît aſſez paſſionné, pour que nous
„ oſions tout nous promettre de ſon
„ amour.

„ Depuis ce moment, la ſanté de
„ Zaïde ſe rétablit de jour en jour. Mais
„ je lui perſuadai de feindre toujours, aux
„ yeux de Murem, d'être dans le même
„ état, de peur qu'il ne lui prît en-
„ vie d'aſſouvir ſur elle ſes deſirs bru-
„ taux.

„ Peu de tems après, Lusaïm me ren-
„ dit compte des recherches qu'il avoit
„ faites à votre ſujet, cher Zéli. Il m'aſ-
„ ſura que vous vous portiez bien. J'au-
„ rois bien voulu vous inſtruire de notre
„ projet ; mais je n'oſois pas lui confier
„ une lettre pour vous, de peur qu'il
„ n'eût la curioſité de la lire ; ce qui au-
„ roit découvert notre artifice, & auroit
„ fait échouer notre projet. Je l'introdui-
„ ſis dans la chambre de Zaîde, qui joua
„ parfaitement ſon perſonnage. Elle lui
„ laiſſa eſperer qu'elle répondroit un jour
„ à ſon amour. Il ſortit de cette entre-
„ vue le plus paſſionné de tous les hom-
„ mes. Il me remercia avec tranſport
„ de ma complaiſance, & me conjura de
„ lui procurer, le plus ſouvent que je

,, pourrois, ce même bonheur. Je le lui
,, promis. Enfin, cher Zéli, pour abré-
,, ger ce récit qui n'est déja que trop long,
,, j'omettrai bien des démarches, pour
,, venir à l'essentiel. Zaïde, le voyant
,, amoureux jusqu'à la folie, lui proposa
,, la fuite qu'elle avoit projettée. Il té-
,, moigna d'abord un peu de répugnance
,, à s'y résoudre. Mais cette aimable per-
,, sonne lui ayant vivement représenté
,, que c'étoit le seul moyen de la garan-
,, tir de la mort, que l'amour brutal de
,, Murem l'obligeroit de se donner, il y
,, consentit. Depuis ce jour, il a travaillé
,, sourdement à remplir sa promesse.
,, Tout est prêt pour le départ, & de-
,, main dans la nuit, il doit mettre à la
,, voile, sous prétexte de donner la chasse
,, à un Armateur ennemi qu'on dit avoir
,, paru à la hauteur d'Alger. Comme il a
,, un souverain pouvoir sur tous les escla-
,, ves de Murem, il a ordonné au René-
,, gat Vénitien de me laisser la liberté
,, de vous parler ; & demain, il lui don-
,, nera ordre de vous ouvrir la porte à on-
,, ze heures du soir, parce qu'il veut vous
,, mener en course avec lui ,,.

Il n'est guere possible de se former une
juste idée de la joie que des nouvelles si

heureufes me cauferent. Il faudroit pour
cela connoître toute l'horreur de ma fituation : ce qu'on ne peut fe figurer parfaitement , à moins de l'avoir éprouvé.
Je me trouvois à la veille de fortir du
plus horrible des malheurs, pour jouir du
comble de la félicité. Je donnai à Thérefe des marques de la plus vive reconnoiffance , & je la priai d'affurer ma chere Zaïde de ma fidélité & de ma conftance. Quand elle m'eut quitté , je ne
m'occupai , jufqu'au lendemain, que du
plaifir que j'allois goûter en revoyant
ma chere Zaïde. J'attendis la nuit avec
impatience. L'heure marquée étant arrivée , le Renégat vint m'avertir que Lufaïm me demandoit, & , m'ayant ouvert
la porte, il me dit de l'aller trouver dans
un lieu qu'il m'indiqua. Je courus avec
empreffement à la porte où Zaïde m'a-
voit mandé de me rendre. A peine y fus-
je arrivé , qu'on l'ouvrit. Elle en fortit ,
accompagnée de Lufaïm & de Thérefe
qui lui donnoient le bras. Sa préfence
m'obligea de modérer mes tranfports.
Ma chere fœur, lui dis-je, eft-ce là notre généreux Libérateur ? Oui, mon cher
frere, me répondit-elle, c'eft lui qui veut
bien s'expofer pour nous rendre la liber-

té. Je l'embraſſai, & je tâchai de lui faire comprendre combien j'étois reconnoiſſant d'un ſi grand bienfait. ›› Vous voyez, ›› Zéli, ce que je fais pour vous. J'eſpere ›› que vous ſerez favorable à mes vœux ›› auprès du Comte votre pere ››. Je l'aſſūrai que, connoiſſant les ſentimens de Zaïde, je ferois tout ce qui dépendroit de moi pour contribuer à ſon bonheur. Il ne comprit pas le ſens de cette réponſe équivoque : il l'interpréta à ſon avantage, & me fit mille careſſes. Auſſi-tôt que nous fumes montés dans le Vaiſſeau, comme on n'attendoit plus que la préſence de Luſaïm pour lever l'ancre, nous partîmes avec un vent ſi favorable, qu'au point du jour, nous étions déja éloignés d'Alger de plus de ſoixante milles. Notre navigation fut des plus heureuſes, & nous comptions en peu de tems aborder à Marſeille. Luſaïm, délivré de la crainte de voir ſon entrepriſe échouer par quelques-uns des accidens ſi communs en mer, ne pouvoit contenir ſa joie. A meſure que nous approchions de France, ſon eſpérance ſe fortifiant, il donnoit à Zaïde de plus tendres marques d'amour. Cette charmante fille & moi, obligés de contraindre nos véritables ſentimens, ne laiſsions paroître que la tendresse qu’un frere & une sœur doivent ressentir l’un pour l’autre. Nous ne nous entretenions que du plaisir que notre retour causeroit à nos parens, & de la douceur que nous goûterions, en passant, auprès d’eux, des jours tranquilles, après tant de traverses. Ces agréables entretiens furent troublés par la vue d’un Armateur Anglois qui venoit à nous à toutes voiles. Lusaïm, quoique brave, tâcha d’éviter le combat, pour ne point exposer le précieux dépôt que son Vaisseau portoit, c’est-à-dire sa chere Zaïde. Mais les ennemis ayant le vent sur lui, il fallut qu’il se mît en état de défense. Il la conduisit dans sa chambre avec Thérese, & me pria de rester auprès d’elles, pour les rassurer contre la frayeur où le bruit de l’artillerie & l’horreur du combat les jetteroient. Cette considération me retint avec elles. Outre cela, je n’aurois pas aimé qu’on m’eût trouvé, les armes à la main, contre des Chrétiens, dans un Vaisseau monté par des Mahométans. Lusaïm fit lâcher plusieurs bordées, avec tant de vivacité & si à propos, que l’Armateur Anglois maltraité se retira hors de la portée de son canon. Nous croyions en être quitte pour ce premier choc, & notre Pilote se préparoit à profiter de sa retraite, pour continuer sa route ; mais nous les vîmes, une heure après, revenir avec plus d'impétuosité. Notre feu continuel ne put l'empêcher de sauter à l'abordage. Il y eut sur le pont un combat très-meurtrier. Lusaïm, après avoir fait des prodiges de valeur, & avoir vu périr à ses yeux la plus grande partie de ses gens, fut tué. Le reste de l'équipage fut contraint de se rendre. Pendant le combat, Zaïde étoit dans une inquiétude mortelle. J'avois toutes les peines du monde à calmer sa frayeur. J'étois dans cette occupation, quand l'Armateur Anglois entra dans la chambre où nous étions. Avant qu'il nous parlât, je le saluai poliment : je lui dis mon nom, celui du pere de Zaïde, & une partie de nos aventures, & je finis, en le priant de nous faire la grace de nous mettre à terre, à quelque Port de France. Il me répondit avec civilité qu'il avoit eu l'honneur de connoître mon Ayeul, sous les ordres duquel il avoit servi ; qu'il étoit charmé de trouver cette occasion de me donner une foible marque de la haute estime qu'il avoit toujours eue de notre Maison, qu'il alloit emboucher

le détroit de Gibraltar , & qu'il nous feroit aborder au Havre - de - Grace. J'ef-
pere , ajoûta-t-il , que vous ne refuferez
pas de me faire le plaifir d'accepter la
moitié de la valeur de la prife que je
viens de faire : elle vous appartient légitimement. Je vous l'offrirois même toute entière , fi je n'étois pas obligé de récompenfer mes foldats , qui n'ont expofé , avec tant de courage , leur vie dans
ce combat , que par l'efpoir du butin.
Je le remerciai de fa générofité, en lui difant que pourvu que nous euffions de quoi
faire commodément la route du Havre
ici , cela fuffiroit ; parce que, quand nous
ferions arrivés chez vous , mon cher
pere , nous ne manquerions de rien.

Cet Armateur , après avoir fait paffer
une partie de fon équipage fur notre
bord , & fait mettre aux fers fes prifon-
niers , ordonna au Pilote de pointer fa
route au détroit que nous paffâmes fans
accident , & en peu de jours , il nous fit
entrer au Port du Havre. Après avoir
reçu nos remercîmens , il nous quitta pour
conduire fa prife à Londres ; & nous ,
après avoir pris un peu de repos , nous
nous fommes rendus ici en chaife de pofte.

Voilà , mon cher pere , ce que vous

avez defiré fçavoir. Je me fens bien dédommagé de mes infortunes par le bonheur de retrouver en vous un pere tendre, & par la bonté avec laquelle vous voulez bien confentir à mon union avec ma chere & aimable Zaïde. Toute la compagnie affura le jeune Chevalier qu'elle avoit entendu avec beaucoup de fatisfaction le récit de fes aventures, qu'elle y avoit pris toute la part poffible, & quelle avoit été très-confolée de voir tant de traverfes fuivies d'un fi heureux retour. Enfuite, comme il étoit tard, on fe fépara pour aller goûter les douceurs du fommeil.

Le Marquis, pour tenir la parole qu'il avoit donnée au Chevalier de Termilek, écrivit dès le point du jour plufieurs lettres pour différens Milords, qu'il lui remit. Ce tendre Anglois ne différa fon départ jufqu'au lever des Dames, qu'afin de faire fes adieux à fa chere Dona Théodora. Après avoir pris congé d'elle, du Marquis, de Léonce, & de toutes les perfonnes qui étoient raffemblées au Château, il partit avec l'empreffement que le defir de hâter fon bonheur lui infpiroit. Le Marquis écrivit auffi au Comte de.... pour lui apprendre l'heureufe nouvelle de l'arrivée de sa fille chez lui, & pour le prier de ne pas différer à lui faire l'honneur de se rendre à sa terre, pour qu'il eût le plaisir de la lui remettre entre les mains, puisque différentes circonstances l'empêchoient de la lui conduire lui-même. Il envoya sa lettre par un de ses gens à qui il recommanda de faire la plus grande diligence, afin que, s'il étoit possible, le Comte reçût à la fois deux agréables nouvelles. Duparc le cadet, épris de plus en plus pour Mademoiselle de Bonnefoy, partit aussi pour l'aller revoir, dans le dessein, s'il la trouvoit favorable à ses vœux, de l'engager à consentir à couronner son amour, dans la même journée où l'hymen de Sylvie avec Léonce, de Zaïde avec le fils du Marquis, & de Dona Théodora avec Termilek, devoit combler les vœux de ces tendres Amans. Le Marquis, ayant fini ses dépêches, se rendit avec le reste de la compagnie à l'appartement de Zaïde. Le repos qu'elle avoit goûté pendant la nuit, l'ayant remise de la fatigue du voyage, elle parut mille fois plus aimable que la veille. Le récit du jeune Chevalier avoit si fort intéressé pour elle toutes les personnes qui l'avoient entendu, qu’elles lui firent mille careffes. Cette aimable Demoifelle y répondit avec une effufion de cœur qui lui mérita l’amitié de tout le monde. Le fils du Marquis fentoit un plaifir infini de voir les tendres politeffes qu’on faifoit à fa chere Amante. Enfin, le contentement, la joye, & un plaifir d’autant plus flatteur, que la vertu en étoit le principe, regnoient dans tous les cœurs de cette compagnie. On paffa dans des divertiffemens innocens tout le tems qui s’écoula entre ce jour heureux jufqu’à celui auquel le Comte de.... devoit arriver avec la Comteffe fon époufe.

Sylvie, Zaïde, Dona Théodora, & le jeune Chevalier paffoient une partie des journées à concerter enfemble, en préfence du Marquis, qui les écoutoit avec beaucoup de fatisfaction ; le refte étoit employé à la promenade, ou à fe donner réciproquement mille tendres témoignages d’amour & d’amitié. Pendant que ces heureufes perfonnes paffoient fi agréablement leur tems, le Courier que le Marquis de C..... avoit dépêché au Comte de.... arriva chez lui, précifément dans le moment qu’il venoit de recevoir la premiere lettre qui l’inftruifoit

de la naiſſance de Sylvie. Ce Seigneur &
la Comteſſe ſon épouſe étoient charmés
d'une nouvelle qui détruiſoit l'obſtacle
qui avoit juſqu'à préſent traverſé le bonheur de Léonce qu'ils aimoient avec une
véritable tendreſſe. Mais, ô Dieu ! quelle
fut l'admiration & la joye qu'ils reſſenti-
rent, lorſqu'à la lecture de la ſeconde
lettre, ils apprirent que leur fille, cette
fille dont la perte leur avoit coûté tant
de larmes, non-ſeulement étoit retrou-
vée, mais qu'elle étoit douée d'un mérite
infini ! Les paſſions les plus agréables, les
ſentimens les plus délicieux enivrerent
leurs ames d'un plaiſir ineffable. Dans
l'excès de leur joye, ils rendirent au Ciel
mille & mille actions de graces. Enſuite
le Comte écrivit promptement au Marquis, pour le remercier & pour l'avertir
qu'il alloit ſans délai ſe mettre en
route avec ſon épouſe pour ſe rendre
chez lui. Il fit promptement partir ce
même Courier, après l'avoir généreuſe-
ment récompenſé de lui avoir apporté
une ſi heureuſe nouvelle. Il donna enſuite
ſes ordres pour faire préparer tout ce qui
étoit néceſſaire pour ce voyage ; & le
lendemain, dès la pointe du jour, il ſe
mit en chemin avec la Comteſſe & une

partie de ses gens. Léonce & Sylvie qui, en combinant la distance qu'il y avoit de la Terre du Comte à celle du Marquis, sçavoient à peu-près le tems qu'il falloit pour en faire la route, engagerent la compagnie à aller au-devant d'eux, dans une longue avenue, par laquelle ils devoient arriver. Ils apperçurent de loin leur carrosse sur les cinq heures du soir ; Léonce se détacha & courut avec empressement pour les embrasser. Le Comte & la Comtesse ne l'eurent pas plutôt reconnu, qu'ils mirent pied à terre, & après lui avoir fait bien des amitiés : Où est votre sœur, Léonce ? Où est ma chere fille, s'écria la Comtesse ? Le Marquis, qui avec le reste de la compagnie avoit eu le tems de s'approcher, lui présenta Zaïde en lui disant : » La » voilà, Madame, & je ne crois pou- » voir mieux reconnoître les bontés que » vous avez eues pour Sylvie, qu'en vous ,, rendant une fille si aimable ,,. La Comtesse la regarda un moment avec un plaisir mêlé d'admiration ; puis, cédant aux transports de la Nature : Ah ! ma chere fille, lui dit-elle, en l'embrassant tendrement ! La joye lui ôtant l'usage de la voix, elle n'en put dire davantage. Zaïde,

contente

contente au-dessus de toute expression de
se voir enfin entre les bras de celle qui lui
avoit donné la vie, la serroit étroitement. L'excès de joye a les mêmes symp-
tômes extérieurs que l'excès de douleur.
Dans l'un & l'autre, on verse des larmes,
on pousse de fréquens soupirs, on perd
la liberté de parler, on est saisi & hors
de soi-même. Mais que les sentimens
qu'on éprouve dans ces deux états sont
différens ! Dans la douleur, c'est une
impression vive, mais cruelle qui déchire
l'ame, & lui fait éprouver les plus rudes
supplices : dans la joye, c'est une sensa-
tion voluptueuse qui remplit le cœur de
délices. La Comtesse & Zaïde, noyées
dans un océan de tendres & doux sentimens, se tinrent long-tems étroitement
embrassées. Leur silence étoit un langage
bien plus touchant que les paroles les
plus énergiques. Le Comte, qui desiroit
donner à sa fille des marques de sa tendresse, ne voulant pas les interrompre
dans cette agréable effusion de cœur,
employa cet intervalle à témoigner sa
reconnoissance au Marquis, & à prouver
à Sylvie combien il étoit charmé de voir
que sa naissance répondoit à son mérite.
» Que je suis mortifié, lui dit-il, ma

» chere fille, de vous avoir caufé tant
» de chagrins ! Je veux vous prouver la
» fincérité de mes regrets , en vous
» uniffant promptement avec votre cher
» Léonce, fi Monfieur le Marquis veut
» bien me faire l'honneur d'approuver
» la paffion de mon fils pour vous. J'y
» confens, dit le Marquis, avec une par-
» faite fatisfaction ; mais permettez ,
» Monfieur, que je vous faffe la même
» priere en faveur de mon fils, qui, depuis
» long-tems, eft épris pour la charmante
» Zaïde de l'amour le plus parfait ». Le
Comte répondit qu'il avoit trop d'obligations au jeune Chevalier de lui avoir
ramené une fille fi chere, pour ne pas fe
prêter avec empreffement à couronner
fon amour par un doux hyménée. Ces
deux tendres Amans embrafferent ces
deux peres avec la plus vive reconnoiffance du confentement qu'ils vouloient
bien donner à leur bonheur. Dona Théodora, Tonton & Duparc, prirent toute
la joye poffible à leur contentement.
Zaïde & la Comteffe, après avoir pour
ainfi dire épuifé dans leurs tendres embraffemens, la vivacité des fentimens que
la nature excite dans des circonftances fi
extraordinaires, laifferent au Comte la

liberté de marquer à sa fille le plaisir que sa vue lui causoit, pendant que Sylvie, par mille caresses, remercioit son épouse des tendres soins qu'elle avoit eus d'elle depuis son enfance. La Comtesse fit aussi bien des amitiés à Thérese qui étoit présente, & qu'elle reconnut. Le Marquis conduisit ensuite toute la compagnie au Château, fit donner au Comte & à son épouse toutes sortes de rafraîchissemens ; &, comme ils témoignoient desirer apprendre les aventures de Zaïde, il ordonna au jeune Chevalier de les satisfaire, ce qu'il fit avec des graces qui prévinrent le Comte & son épouse en sa faveur. Cette narration fut suivie d'un souper splendide auquel la gaieté, suite naturelle de tant d'heureux évènemens, présida. Le lendemain, le Marquis & le Comte prirent ensemble des arrangemens pour le double hymen de Léonce avec Sylvie, & du jeune Chevalier avec Zaïde, & ils réglerent la dot que chacun donneroit à ces heureux Amans. Comme leur condition & leurs biens étoient approchant égaux, ils n'eurent pas de peine à convenir de leurs faits. Tout étant concerté, on résolut de mettre le sceau à cette double alliance, aussi-tôt que Termilek feroit de retour, fes belles qualités & celles de Dona Théodora, méritant bien qu'on eût pour eux cette condefcendance. Le Chevalier Anglois ne fe fit point attendre long-tems ; il arriva dès le lendemain avec le Milord fon pere. Ce Seigneur n'avoit pas plutôt reçu la lettre du Marquis, que, fans faire d'autres informations, il avoit non-feulement confenti au mariage de fon fils, mais encore avoit voulu être lui-même témoin de fon bonheur & du mérite de Dona Théodora. De fon côté, Duparc le cadet avoit fi bien avancé fes affaires avec l'aimable Demoifelle de Bonnefoy, qu'il lui avoit fait approuver fon amour ; elle lui avoit avoué qu'elle reffentoit pour lui une égale tendreffe. Enfin, il l'avoit engagée à fe rendre avec lui à la Terre du Marquis pour s'y unir par l'hymen, en même tems que Léonce, le jeune Marquis & Termilek épouferoient les aimables objets de leur amour : ils y arriverent quelques heures après le Chevalier. Rien ne différant plus la félicité de ces huit amans, l'hymen couronna leurs vœux le jour fuivant. Les Vaffaux du Marquis, qui prenoient un fenfible intérêt au contentement de leur Seigneur,

lui donnerent des preuves de leur attachement, par mille fêtes champêtres, qui
augmenterent les réjouiffances d'un jour
fi fortuné. Ce Seigneur, infiniment touché de leur affection, les en récompenfa
avec tant de libéralité, qu'ils eurent lieu
d'être fatisfaits de fa généfofité. Ces quatre couples heureux goûterent pendant
quinze jours, les plaifirs les plus purs &
les plus vifs dans la poffeffion de leurs
aimables époufes. L'amitié, d'accord
avec l'amour, contribuoit à augmenter
leur félicité, puifque chacun d'eux reffentoit en particulier celle de fes amis auffi
vivement que la fienne propre. Ils ne
pouvoient fe déterminer à fe féparer ;
mais enfin, la préfence du Comte étant
néceffaire à fa Terre, le Milord ayant
affaire à Londres, & l'époufe de Duparc
le cadet ne pouvant laiffer plus long-tems
fa maifon à l'abandon, ils fe firent les
plus tendres adieux ; ce ne fut néanmoins
pas fans fe promettre de fe revoir le plus
fouvent qu'ils pourroient. Termilek promit de revenir deux fois par an paffer
quelques jours au Château du Marquis
avec fa chere Dona Théodora. Sylvie
donna à Tonton & à fon mari, la Terre
que le Comte lui avoit achetée de l'ar-

gent de Mr. de la Ferme, & Duparc promit d'y venir le plus souvent qu'il pourroit avec son aimable épouse. Le Marquis & le Comte, qui ne pouvoient se résoudre à quitter leurs chers enfans, convinrent mutuellement de passer six mois de l'année chez l'un, & les six autres mois chez l'autre.

C'est ainsi que la constance & la fidélité de ces tendres Amans furent récompensées ; tant il est vrai que la vertu reçoit tôt ou tard le prix qui lui est dû ; & que, si quelquefois le Ciel permet qu'elle soit traversée, ce n'est que pour lui faire ensuite goûter avec plus de satisfaction la félicité qu'il lui destine.

Fin de la seconde & derniere Partie.

CATALOGUE

DE ROMANS

& Livres amusans, qui se débitent chez DUCHESNE, *Libraire, rue Saint Jacques.*

AMOURS (les) du bon vieux tems, 1 14 f.

Amusemens des Dames, ou Recueil d'Histoires Galantes des meilleurs Auteurs de ce siecle, 7 vol. *in-12.* Hollande. 21 l.

Angola, Histoire Indienne, nouvelle édition, avec fig. 1 vol. 3 l.

Arlequiniana, ou Recueil de bons mots d'Arlequin, 2 l.

Art de désopiler la rate, *in-12.* 1 vol. 3 l.

Aventures de Beauchene, 2 vol. 5 l.

Aventures de Robinson Crusoé, nouvelle édition, en 3 vol. 7 l. 10 f.

BACHELIER (le) de Salamanque, par M. *le Sage,* 3 vol. petit format, 6 l.

Bagatelles Morales, ou Recueil de plusieurs Pieces fugitives, par l'Abbé *Coyer,* troisieme édition, *in-12.* 2 liv.

Bagatelles Galantes, ou les Tributs de l'Amour & de l'Amitié, *in-.12* 2 liv.

Bibliotheque amusante & instructive, contenant des Anecdotes intéressantes & des Histoires curieuses, &c. *in-12*. 3 vol. La suite est sous Presse,　　　　　　7 l. 10 s.

Bibliotheque de Campagne, ou Amusemens du cœur & de l'esprit, troisieme édition d'Hollande, 1753, 12 vol. *in-12*　　36 l.

Bigarrure (la), ou mélange curieux, instructif & amusant de Nouvelles, de Critiques, &c. 20 vol. *in-12*, Hollande, brochés.　　36 l.

Boca, ou la Vertu récompensée, *in-12*　2 liv.

Bouquets (les) Poissards, de *Vadé*,　　12 s.

CABINET des Fées, 12 vol. *in-12*, Hollande.　　　　　　　　　　24 l.

Candide, ou l'Optimisme, traduit de l'Allemand, br.　　　　　　1 l 10 s.

Carmantiere, ou les engagemens rompus par l'Amour, deux Parties, *in-12*　2 l. 8 s.

Citrons (les) de Javotte, *in-12*,　　12 s.

Contes Philosophiques, Moraux, nouvelles, &c. 2 vol.　　　　　　5 l.

Contes en vers, par *la Fontaine*, petit *in-12*, 2 vol.　　　　　　4 liv.

DANGERS de l'Amour, 2 Parties,　2 liv.

Déjeuné (le) de la Rapée, ou discours des Halles & des Ports, quatriéme édition,　12 s.

Desserts des petits Soupers agréables, suivis du Postillon sans chagrin, par M. de *l'Ecluse*,　　　　　　　　1 l. 4 s.

ÉLOGE de la Folie, nouvelle édition, belles fig. *in-12*, 3 l.

Etrennes (les) de la S. Jean, & les Ecosseuses ou les Œufs de Pâques, *in-12*. 2 Parties broch. 2 l. 8 s.

FAUX (les) Pas, ou les Mémoires, vrais ou vraisemblables, par la Baronne de.... traduits de l'original du Breton, 2 parties, 2 l. 8 s.

HENRIETTE, traduite de l'Anglois, 2 vol. 5 liv.

Héroïne Mousquetaire, *in-12*, figures. 2 l. 10 s.

Histoire de Jonathan Wild le Grand, traduit de l'Anglois, deux Parties, 1763, 4 liv.

Histoire de la Princesse de Gonzague, deux Parties brochées *in-12*. 2 liv.

Histoire des Grecs, ou de ceux qui sçavent corriger la fortune au jeu, *in-12*, 3 vol. brochés, 3 l. 12 s.

Histoire de M. *Cleveland*, 6 vol. *in-12*. 15 l.

Histoire de Julie Mandeville, ou Lettres traduites de l'Anglois, 2 vol. sous presse. 3 l.

JOLI (le) Recueil, ou la Querelle Littéraire, *in-8*. broché, *1761*, deux Parties, 2 l. 8 s.

LETTRES de Milady Montagute, traduites de l'Anglois, 2 vol. broch. 2 l. 10 s.

Lettres Persannes, un vol. 2 l. 10 s.

Lettres Turques, & de Nedim-Coggia, nou-

velle édition , augmentée confidérablement ,
deux Parties , 3 liv.

Lettres de la Grenouillere, de *Vadé* , 12 f.

Lettres amoureufes d'Héloïfe à Abailard , Tra-
duction libre de M. *Pope* , & Héroïde d'Ar-
mide à Renaud , par M. *Colardeau* , 12 f.

Lettres Parifiennes fur le defir d'être heureux ,
2 parties , 3 l.

Lettres de M. *Crebillon* le fils , avec le Sylphe
ou Songe de Madame * * * , 2 vol. *in-12* ,
2 l. 10 f.

* La nouvelle Héloïfe , ou Lettres de deux
Amans habitans d'une petite Ville aux pieds
des Alpes , par J. Jacques *Rouffeau* de Ge-
nève , nouvelle édition augmentée de la Pré-
face , avec fig & l'explication , 4 vol. 12 liv.
idem in-8 '. 20 liv.

Les Livres à la mode , l'un imprimé en verd ,
& l'autre en couleur de rofe, 2 parties , 2 l. 8 f.

MADRIGAUX de M. *de la Sabliere* , nouvelle édition , rouge & noir , 2 liv.

Mémoires de Mifs-Sydney-Bidulph , 3 vol. *in-8* ,
176 , 7 liv. 10 f.

Mémoires de *Cécile* , dite la Marquife *de Beau-
bourg* , Enfant trouvé à Vaugirard , par M. *de
la Place* , 4 vol. 8 l.

Mémoires du Comte Banefton , deux parties ,
par M. *Forceville* , 2 liv. 8 f.

Mémoires de Gaudence de Lucques, Prifonnier
de l'Inquifition , nouvelle édition , confidérablement augmentée , belles figures , quatre
parties , 6 l.

Mémoires du Chevalier d'Herban, deux parties,
2 liv.

Mémoires de l'Académie des Sciences de Troyes, nouvelle édition, augmentée de l'Art de battre sa Maitresse, 2 parties brochées, 2 l.

Misis & Glaucé, Poëme, petit *in 12* 2 l.

Mourat & Turquia, Anecdotes Africaines, 2 parties brochées, 2 liv.

NAUFRAGE des Isles flotantes, ou la Basiliade du célébre Pilpay, traduite de l'Indien, deux vol. *in-12*, 4 liv. 10 s.

ŒUVRES de Vergier, nouvelle édition, revue, corrigée & augmentée, deux vol. petit format, 5 liv.

Œuvres (véritables) de M. de *Grécourt*, nouvelle édition, considérablement augmentée, & de son portrait, *1761*, 4 vol. reliés, avec figures, 12 liv.

PASSE-TEMS Poëtique, Historique & Critique, Ouvrage de MM. Malherbe, Perrault & de la Martiniere, 2 vol. *in-12*, 5 liv.

Passe-tems des Mousquetaires, relié. 2 l.

Paysanne (la) parvenue, 4 vol. *in-12*. 12 l.

Pipe (la) cassée, Poëme de *Vadé*, 12 s.

Poësies de M. l'Abbé de l'Attaignant, connues sous le titre de *Piéces dérobées à un ami*, avec les airs notés, 4 vol. *in-12*, 12 l.

Pot-pourri, Ouvrage nouveau de ces Dames & de ces Messieurs, *in-12*, 2 l. 10 s.

REINE de Golconde (la) Conte.   1 l. 4 f.

SOPHA (le), Conte moral , nouvelle édition, 2 vol. fig.   4 liv.

TANT mieux pour elle , Conte plaisant , in-12 , broché,   1 l. 4 f.
Tant pis pour lui, ou les Spectacles Nocturnes, Ouvrage épisodique , in-12 , 2 part. broch.   2 liv.
Tanzaï, deux volumes.   4 l.
Temple (le) de Gnide , in-12.   2 l.

VOYAGE en l'autre Monde, ou Nouvelles Littéraires de celui-ci , avec des Entretiens sur plusieurs sujets , 2 part. in-12 , par M. l'Abbé de la Porte ,   3 liv.
Voyage de Saint Cloud par Mer & par Terre, avec le retour de Saint Cloud à Paris , tant par Mer que par Terre , & les Annales de Saint Cloud & de Chaillot , nouvelle édition, 2 part. broch.   2 l.
YEUX (les), le Nez, &c. 3 part. broch.   3 l. 12 f.